趣味系列 04

Interesting
Geography

趣味地理 修订本

王肇和　著

山东人民出版社

国家一级出版社　全国百佳图书出版单位

图书在版编目（CIP）数据

趣味地理 / 王肇和著 . — 济南：山东人民出版社，
2014.5

（趣味系列）

ISBN 978 - 7 - 209 - 08278 - 5

Ⅰ . ①趣… Ⅱ . ①王… Ⅲ . ①地理—青年读物 ②地
理—少年读物 Ⅳ . ① K9 - 49

中国版本图书馆 CIP 数据核字（2014）第 036438 号

责任编辑：王海涛　王媛媛
装帧设计：蔡立国

趣味地理

王肇和　著

山东出版传媒股份有限公司
山东人民出版社出版发行

社　　址：济南市经九路胜利大街 39 号　邮　编：250001
网　　址：http : // www.sd-book.com.cn
发行部：（0531）82098027　82098028

新华书店经销
山东临沂新华印刷物流集团印装

规　格　16 开（169mm×228mm）
印　张　15.5
字　数　220 千字
版　次　2014 年 5 月第 1 版
印　次　2014 年 5 月第 1 次
ISBN 978 - 7 - 209 - 08278 - 5
定　价　25.00 元

如有质量问题，请与印刷厂调换。（0539）2925888

《趣味系列》修订本序

　　这是一套以"趣味"命名的系列读物，包括：《趣味语文》《趣味历史》《趣味考古》《趣味地理》《趣味逻辑》《趣味哲学》《趣味文字》《趣味美学》《趣味心理》等九个人文社会学科。为什么要用"趣味"命名呢？因为每本书的作者在每门学科中选择了其中最有趣的、最容易引发读者兴趣的，也是最有吸引力的故事和知识。

　　如果你要学一门学科，或者老师要教一门学科，一定要讲究知识结构系统和内容完整。其中当然也会有一些有趣的内容，但也不得不包括不那么有趣、甚至非常枯燥艰深的内容。或者一部分人感到有趣，学得轻松愉快，另一部分人却毫无兴趣，只能硬着头皮学。

　　但这套书不同。它们既不是教科书，也不是教辅材料，更不是考试秘诀，不需要预复习，不必做作业，更不用担心考试。你觉得哪本有趣就看哪一本，觉得哪一段有趣就看哪一段，有多少空闲时间就看多少，隔一段时间再看也不会影响阅读的效果。

　　当然，不能只讲趣味。既然是以学科分类，还得对本学科的知识和内容作一番精心选择。为什么要选择呢？因为每门学科知识和内容的积累、记录、传承，一门学科的形成和发展，都是一个漫长而艰苦的过程，是古往今来无数学者的心血凝聚成的，其中一些最重要、最经典的内容必须有所体现。另一方面，到了今天，每门学科的知识和内容都已浩如烟海，如果不加选择，不用说这套书容纳不了，任何人穷毕生之力也读不完。再说，从我们所希望的读者的需求出发，也必须有所选择。

以我最熟悉的历史学科为例。

历史是靠人记录的，但一开始这一过程是相当艰难的。尽管在进入文明社会的早期人类就有了记录历史的意识，但一直缺少工具和手段。在文字发明后依然存在书写工具和记录介质的困难，所以只能尽可能使文字简约，甲骨、竹、木、帛等都被用作书写材料，而最重要的内容只能镌刻于石材，铸造于青铜器。

由于已有的历史文献不易复制，大多只是孤本秘籍，一遇天灾人祸，往往从此消失。得以幸存至今，成为我们今天能够看到的史料、史书，只是其中很少一部分。

秦始皇烧毁了民间收藏的儒家经典，只允许官方学者保存研究，其中一位伏生专门负责《尚书》。秦末战乱爆发，伏生怕《尚书》毁坏散失，将书藏在墙壁中。战乱过后，他发现书已经遗失了一部分，就将书的内容记在心中，等待传播的机会。直到他九十岁时，才等到了皇帝派来记录的学者晁错。可惜他已口齿不清，只能靠听得懂他的话的女儿传达。加上他讲的是山东方言，河南人晁错没有听懂，记录的内容又打不小的折扣。

只有在纸得到普遍运用和印刷术普及后，历史的记录和传播才有了物质条件的保证，才能够突破官方的封锁和限制，进入民间。甚至连统治者刻意禁毁的史料、史书，只要曾经被复制或印刷，往往依然能得到流传。

但是到了今天，我们又面临着新的困境。随着信息技术的飞速进展，海量信息已可轻易获取。以前人说"一部《二十四史》不知从何读起"，不过是发感叹而已，真正能拥有一部《二十四史》或随时可以读的人是不多的。而如今只要有一张光盘，或者能够连上相应的网页，《二十四史》不仅能随意读，还能逐句、逐字检索，找出每一个人名、地名、事件、制度就在瞬间。但是以个人的精力和时间，终身也无法穷尽，即使是专业研究人员也无此必要，何况绝大多数只是出于业余兴趣的人！

历史研究固然应该不受任何禁区的限制，完全从史实出发，且无论巨细都有意义，无论正负均有价值。但运用和传播历史知识、历史研究成果时必须根据各方面的条件而有所选择，如对专业和业余、精英和大众、成年人与未成年人等，就应有不同的侧重点。还应顾及国家利益、社会公德、民族感情、宗教信仰、风俗禁忌等多方面。

优秀的普及性读物就要遵循这些基本的原则，根据特定读者的需要和可能，精选出适量的内容，以最容易接受吸收的方式提供给读者。这正是这套书的作者和编者的良苦用心。

趣味系列这套书，原是上海古籍出版社2001年策划出版的，受到了读者，特别是中学生的热烈欢迎，加印多次，其中《趣味逻辑》《趣味哲学》加印20多次；2007年出版了插图本。本次山东人民出版社出版的趣味系列新版，《趣味文字》《趣味心理》是第一次出版，其他7本对原有版本的内容做了新的修订，根据时代变化加入了许多新的内容，重新装帧设计，希望给读者朋友，特别是中学生朋友编辑一套"开拓人文视野，提高学习兴趣"的人文社科入门读物。

葛剑雄

2014 年 1 月 10 日

前 言

　　人们对各种地理事物和现象往往充满着好奇，人们更想知道这些地理事物和现象的形成原因。例如，为什么夏季高山上很凉快？为什么"一阵秋风一阵凉"？为什么黄山多奇峰怪石？为什么华山又十分险峻？本书准备对这些大家感兴趣的问题进行探讨，以满足大家对地理问题进行探究的好奇心。本书还对大家感兴趣的有关资源利用、产业布局、旅游景观、环境保护等问题展开讨论。

　　地理环境是人类赖以生存和发展的空间。自古以来，人们对地理环境进行了不懈的探索。今天，人类又面临着资源短缺、环境污染、水土流失、沙尘暴频发等一系列重大问题。学习地理，关注环境，已成为许多人迫切的需要和自觉的行为；具备必要的地理知识，也成了现代社会公民的一种基本素养。与教科书比较系统地向学生介绍地理知识不同，本书以人们感兴趣的地理问题为线索，深入浅出地向大家介绍现代地理科学原理。它既提供地理知识，但更注重展示地理科学巨大的应用价值和原来就具有的魅力。它不刻意追求地理学科体系的完整，但却涉及现代地理科学诸多重要领域。它关注地理事物和现象的成因，但更注重人类与地理环境的和谐相处。如果此书能够引起人们对地理环境变化的深入思考，作者将深感欣慰。

　　本书图片非注明摄影者的均购自微图，在此特表示感谢。

由于作者水平有限，本书可能有不足之处，恳请读者提出意见。在本书写作过程中，作者参考了不少有关的文献，在此特向这些文献的作者致谢。

王肇和

2014 年 2 月 15 日

目 录

自然山水

人文地理

生物与环境

产业布局

自然资源与环境

气象气候

世界上最寒冷的地方在哪里？

南极洲是地球上最寒冷的大洲。每年的 11 月至次年的 3 月，是南极洲的暖季。此时，南极洲沿岸地带平均气温一般都在 0℃ 以下，内陆平均气温则在 –35℃ ～ –20℃。每年的 4 月至 10 月是南极洲的寒季。此时，南极洲沿岸地带平均气温为 –30℃ ～ –20℃，内陆平均气温则低达 –70℃ ～ –40℃。1983 年 7 月 21 日，有人在南极洲记录到 –89.2℃ 的极端最低气温。到南极洲进行科学考察的人员，必须穿上防寒防风性能很好的衣服。

由于气候寒冷，一般不耐寒的生物难以在南极洲生存。但是，在南极洲，人们可以看到大群大群不怕寒冷的企鹅。企鹅的头和背是黑色的，腹部白色，足短，翅膀小，走起路来左右摇摆，就像一位绅士向你走来。企鹅不能飞，但在水中游得很快。有一天，一位南极考察队的专家刚在帐篷里躺下休息，就听到一种奇怪的鸟叫声。他走出帐篷一看，见是一只企鹅。它东张西望，见人后就扑打着翅膀迎了上来，围着帐篷巡视一周后，便在附近卧睡。又有一次，在考察队汽车行驶途中，忽然有几只企鹅向汽车追赶而来。考察队的汽车立即停下。为首的那只企鹅一摇一摆向汽车走来，发现没有危险之后，便招呼它的同伴前来参观汽车和雪橇，随后心满意足地离去。

南极洲是冰雪的世界，是企鹅的乐园。南极洲为什么这样寒冷呢？

南极洲的严寒，首先是因为它所处的纬度很高。南极洲绝大部分在南极圈以内，所获得的太阳辐射能量很少。在南极洲的暖季，尽管有几个月的白昼，但太阳光线与地面的夹角小，地面所获得的太阳光热量有限。我们知道，同样一束太阳光线照射地面，它与地面的夹角越小，地面单位面积获得的热量

南极景象

就越少。假设一束横截面为 1 平方厘米的太阳光线与地面的夹角为 90°，那么地面 1 平方厘米就可以获得 1 份热量。若太阳光线与地面的夹角为 30°，那么太阳光线就会照射在 2 平方厘米的面积上，地面 1 平方厘米就只能获得 0.5 份热量。南极洲由于纬度高，即使在南极洲正午太阳光线与地面夹角最大的一天（12 月 22 日），在南极点上，这个夹角也只有 23.5°。由此可见，南极洲由于纬度高而使它获得的太阳热量很少。而在南极洲的寒季，大部分的时间内是漫漫黑夜，无法得到阳光照射。

南极洲终年被冰雪覆盖，这也是南极洲气候酷寒的一个重要原因。因为冰雪能强烈地反射太阳光。不同的地面反射太阳光的能力不同。据测量，被地面反射掉的辐射占投射辐射量的百分比，干黑土为 14%，潮湿黑土为 8%，而南极洲广为冰雪覆盖，有 75%～90% 的太阳辐射被冰雪反射掉。这样，能够被南极洲地面吸收的热量更是少得可怜了。

还有，在南纬 40° 至南纬 60° 之间，存在着强大的西风环流。它犹如巨大的"风墙"，阻碍了南极洲寒冷空气与热带、亚热带温暖空气的相互交换，这就更加剧了南极洲的寒冷。

南极洲地势高，大气的保温作用差，加上南极大陆上空的空气中水汽含量极少，缺乏吸收地面长波辐射的能力，从而使得南极洲地面的热量很快散失，这也是造成其气温很低的一个原因。

此外，南极大陆风速很大，连日狂风呼啸，大风把地面剩下不多的热量很快带走，使降温加快。南极洲的寒季，正值地球绕日公转运行到远日点附近。此时，地球公转速度比较慢，这使得南极点极夜（即终日黑夜，不见太阳）的天数比北极点要多，从而使南极洲失去的热量更多。

由于上述因素的共同作用，南极洲比北极地区更加寒冷，成为地球上最寒冷之处。

在我国，冬季最寒冷的地方又在哪里呢？

1月份，我国不少地方气候寒冷。就1月份平均气温而言，北京为 –4.6℃，太原为 –6.6℃，沈阳为 –12℃。但是，它们的寒冷程度远远不及位于黑龙江省北部的漠河。漠河1月份平均气温为 –30.9℃。因此，漠河是我国冬季最寒冷的地方。漠河极端最低气温 –52.3℃，是我国气象台站迄今为止记录下的最低气温。在冬天的漠河，还可以见到绚丽多彩的北极光。

据苏州旅游爱好者蔡明的记载，冬天的漠河寒风凛冽，刮在脸上有*丝丝*的灼痛感。人们呼出的热气，很快就会在头发、眉毛上形成乳白色梳松的针状冰晶。年轻人看上去也像是"圣诞老人"。大衣变得硬邦邦的，食品就像棱角锋利的石头。旅游者见到了银装素裹的白桦，寂静无声的冰雪大地，宁静祥和的居民村落，还见到了不怕严寒、正在凿冰捕鱼的老汉。北国冬天的静穆和清冽，冰雪的神韵和纯美，树木的挺拔和顽强……这一切，均给冬日游漠河的南方人留下终生难忘的印象。

冬天的漠河又为什么这样寒冷呢？

漠河是我国纬度最高的县份。冬天，太阳光与地面的夹角相当小，阳光斜射，到达地面的太阳光热量极少。加上冬季漠河昼短夜长，光照时间短，更使其热量收入少。冬天的漠河还常受到来自北方的冷空气袭击。这些冷空气来自西伯利亚内陆，干冷异常，进一步加剧了漠河的寒冷。另外，漠河地

珠穆朗玛峰

处河谷中，夜间冷空气沿坡下沉，使漠河受此冷空气控制。在晴朗的夜晚，地面因强烈向太空辐射热量而使气温下降更快。

漠河尽管冬天寒冷，但在夏天，它还是比较温暖的。漠河约有 100 天的无霜期，居民种植小麦、大豆、马铃薯等作物，执着地生活在这一片北国疆土上。

还有人猜测，我国冬季的最低气温可能出现在世界最高峰——珠穆朗玛峰的峰顶。因为在对流层，平均每上升 1000 米，气温下降 6.5℃。那么当冬季气温最低时，珠穆朗玛峰的峰顶气温可能比漠河更低，成为我国冬季气温最低的地方。

寒潮天气和拿破仑兵败

1812年6月23日，拿破仑率兵60万进攻俄国。9月14日到达莫斯科城郊，想与俄军决战。俄军回避与拿破仑正面交战，坚壁清野后撤出莫斯科。当拿破仑率众多将士进城时，发现只是一座空城。这一年的寒潮天气又提前到来，寒风怒号，大雪漫天，法国士兵大量被冻死。拿破仑后来不得不撤军。俄军此时乘机追击，法军伤亡更加惨重。当俄军追到尼门河时，法军只剩1600人。寒潮天气帮助俄军打败了拿破仑。

希特勒于1941年进攻苏联时，也发生了类似的情况。希特勒于11月3日逼近莫斯科，此时莫斯科气温已是-8℃了。到了12月初，一场强寒潮又使气温降至-20℃。德军士兵无御寒衣服，冻伤严重。汽油因低温凝固，坦克、汽车运转困难。苏联红军利用这严寒天气，于12月6日发动反击，一举取得了胜利。强寒潮天气又在战争中发挥了作用。

寒潮是大范围的强冷空气活动。我国中央气象台的寒潮标准是：长江流域及其以北地区48小时内最低气温下降10℃以上，长江中下游最低气温达4℃以下，且陆上伴有5～7级风，海上伴有6～8级风。

冬季寒潮发生会对农业生产造成危害。安徽的淮北地区1977年10月播种的110万亩小麦，入冬前因气温较高生长较旺，入冬时拔节，1978年1月中旬一次强寒潮使刚拔节的小麦全部冻死。1977年湖南柑橘受冻害，产量仅为上一年的29%。春季发生寒潮损失可能更大。1972年春季我国发生3次强寒潮过程，湖南省100多万亩粮油作物基本上颗粒无收。

寒潮常伴有强风和大雪，这对畜牧业带来严重的影响。寒潮来时，牧区

阿尔卑斯山圣伯纳隘口的拿破仑

的牧草全被雪深埋。牲畜若无干草供应，就会冻死饿死。一些牛马在暴风雪中有迷路的，有冻死的，有掉到河里淹死的，也有相互践踏而死的。内蒙古锡林郭勒盟1981年5月10日至11日出现寒潮暴风雪天气,有72万头牲畜遭灾。

　　寒潮也会给交通运输带来严重影响。暴风雪会使路面冰雪覆盖，汽车不得不减速行驶。一些高速公路出于安全考虑，也不得不暂时关闭。强风还威胁海上作业的渔船。

　　影响我国的寒潮是怎么形成的呢?

　　冬季，在蒙古和西伯利亚一带，由于纬度比较高，获得的太阳热量比较少，加上该地区位于亚欧大陆的内陆，夜晚陆地散热降温明显，故在近地层大气层形成了势力强大的冷气团。在高空西北气流的引导下，这个冷气团就会突然爆发，向东南方向袭来，影响我国广大地区。寒潮移动的速度比较快，在几天时间里，就会从我国北部边境，越过黄河，跨过长江，到达我国南方广大地区。

气象卫星送来的信息，为我们准确预报寒潮提供了良好的条件。在地面天气图上，若我们见到蒙古—西伯利亚高压气压增高，温度降低，并在高空有强北风出现，就有可能爆发寒潮，影响我国。近几年来，我国气象工作者对寒潮动态的预报已经相当准确了。

一个地方在寒潮袭来之前，往往会出现短暂的暖热天气。例如，1916 年 1 月 21 日，上海白天最高气温高达 19.9℃。到了 24 日凌晨，气温降至 -10.6℃，降温幅度超过 30℃。因此，在寒潮到来的几天里，居民一定要注意添衣保暖。有哮喘、心血管系统疾病者，更要预防严寒对身体的刺激。

我国夏季气温最高的地方

　　说到我国夏季气温最高的地方，人们常常首先想到重庆。重庆7月份平均气温超过28℃，极端最高气温达到44℃。由于重庆夏季炎热，人们把重庆称作"火炉"，或形容成"蒸笼"。在重庆酷热难熬的夏季夜晚，人们常常彻夜无法入睡。

　　造成重庆夏日高温的主要原因，是该地受到副热带高气压带的控制，盛行下沉气流，产生增温效应。重庆地处长江谷地，空气与外界的交换相对较弱，这也加剧了它的高温。重庆一带地表水田、池塘、植被等面积较大，水汽蒸发、蒸腾量大，空气潮湿，使人出汗后汗水不易蒸发，从而加剧了人们闷热的感觉。有人认为，把重庆称作"蒸笼"更为贴切。

　　有人指出，把南京、武汉、重庆称为三大"火炉"，并不科学。因为这三个城市7月平均气温均不到29℃。而在江南地区，7月平均气温超过29℃的城市不在少数。例如，江西贵溪为30℃、湖南衡阳为29.8℃。所以把南京、武汉、重庆称为三大"火炉"，是出于一些文人墨客的渲染，并不表示这三地是我国夏季最炎热的地方。

　　也有人把1981～2010年各省会城市（直辖市）全年平均高温日的天数进行统计，得出福州、重庆、杭州、海口为全国"四大火炉"。但也有人认为，衡量一地气温高低，仅看一年中高温日天数还不够全面。

　　那么，我国夏季最热的地方在哪里呢？它不在纬度较低的南部沿海地区，而是出现在纬度较高但深居内陆的吐鲁番盆地。吐鲁番7月平均气温是32.7℃，1975年7月13日，这里曾观测到49.6℃的极端最高气温。

在吐鲁番盆地，有"沙堆中煮鸡蛋，石板上烤烧饼"的说法。为了验证这一说法，有一次，一名考察队的队员把鸡蛋埋在这个盆地一个沙堆 5 ~ 6 厘米深处，结果，40 分钟以后，鸡蛋真的熟了。据说，在吐鲁番盆地有烈火熊熊的火焰山。其实，所谓火焰山，是一座位于吐鲁番盆地中部的山，它的最高处为海拔 851 米。由于这一座山由侏罗纪红色岩层构成，因此，每当傍晚时分，太阳光余晖照射在山上，远远看去，就像在喷出火焰一般。若人们走近火焰山，则会使人感到一阵阵的灼热。但是，若翻过山坡进入火焰山的山谷，则可以见到有山泉和绿洲分布，让人感到阴凉多了。火焰山靠近天山，高耸的博格达峰冰雪覆盖。在炎热的夏季，高山冰雪大量融化，火焰山山麓有源源不断的冰雪融水流来。有些年份，以干热著称的吐鲁番盆地还发生过水灾呢。

为什么吐鲁番盆地会出现如此高温天气呢？

首先，吐鲁番盆地尽管在北纬 40° 以北，但在夏季，正午太阳光与地面的夹角还是相当大的，加上夏季白昼较长，天空又晴朗少云，所以，到达地

吐鲁番火焰山

面的太阳辐射热量很大。

其次，吐鲁番盆地深居内陆，具有明显的大陆性气候特征。地面热容量较小，受热后温度急剧上升，又不像东部沿海时有海风的影响，所以在同样受热的情况下，比东部沿海地区更易出现高温天气。

再者，吐鲁番盆地地表少植被，也缺少面积广大的众多水域，其蒸发和蒸腾的降温作用不明显。

另外，吐鲁番盆地地形相对封闭，大气与外界交换作用也比较弱，易造成局部地区高温现象出现。

在上述原因的共同作用下，吐鲁番盆地夏季气温很高，成了我国的"火州"。吐鲁番盆地出产棉花、葡萄、瓜果等。由于该地昼夜温差大，有利于农作物积累养分。故吐鲁番盆地的农作物品质好，棉花的纤维长，葡萄和瓜果的糖分含量高。这里葡萄品种很多，其中最名贵的是"无核白葡萄"，甘甜多汁，肉质晶莹，将它在荫房里晾干，则成为半透明呈翡翠色的葡萄干。这里出产的葡萄干远近闻名，据传远在1500年前，高昌国派使者向梁武帝进贡的，就是吐鲁番的葡萄干。

我国在哪一个月气温最高？

　　若就月平均气温而言，我国大部分地区在七月份气温最高。在 6 月 22 日，北回归线以北广大地区正午太阳高度角为一年中最大，在大气层上界，这一天获得的太阳热量最多。但是，为什么一年中月平均气温最高的月份不是出现在六月份，而是出现在七月份呢？

　　我们每天记录的气温指的是离地面 1.5 米高处百叶箱里的温度计所显示的温度。它取决于该处空气获得的热量与放出的热量之间的差值。若此值为正，则气温升高；若此值为负，则气温降低。当一天中此值由正变负的时刻，为一天最高气温出现的时刻。每年 6 月 22 日这一天，我国北回归线以北广大地区，在大气上界，获得的太阳热量最多。但是，在这一天之后的一段日子里，我国大部分地区获得的热量还是大于放出的热量，故气温还是继续升高。因此，在我国大部分地区，月平均气温最高值出现在七月份。

　　但是，我国也有地方其月平均气温最高值出现在八月份。例如，据 1961～1970 年的统计，青岛市七月平均气温为 24.8℃，八月平均气温为 25.6℃。为什么会造成此情况呢？

　　青岛三面环水，受海洋的影响大。而海洋与陆地有明显不同的热力性质。海水的热容量比陆地大；海洋水体具有上下运动，海面受热后能把热量较快往下传。这些造成在受到同等太阳辐射的情况下，海面升温比陆地慢。青岛较多受海风的影响，其月平均气温最高值出现的月份比我国大部分地区推迟，因此出现在八月份。

　　以上讨论的是月平均气温出现的月份。若就一地极端最高气温出现的月份而言，情况又有所不同。在不同的地区，一年中极端最高气温可能出现在七月份，也可能出现在其他月份。例如，在 1966 年 6 月 21 日，山西运城测得 42.7℃的高温。这是因为，一些地区极端高温天气的形成往往与该地的地方性因素有关。例如，在华北一些地区，六月份常常出现晴暖天气。有些还有沿山坡向下吹的热而干的风（焚风），气温增高迅速。据统计，出现焚风时，石家庄的日平均气温比无焚风时可升高 10℃左右。由于这些地方性因素的影响，一些地区的极端最高气温可能出现在六月份，或七月份，或其他月份。

为什么在七八月份，上海与北京天气差异大？

2013年进入七月以来，上海遭遇连续的高温天。在七月份，大部分日子的最高气温在35℃以上。7月25日最高气温达到39.3℃，7月26日最高气温更是达到40.6℃，8月7日最高气温再一次打破纪录，达到40.8℃。而此时的北京，气温明显比上海低，还时有阴雨天气。为什么在七八月份，上海与北京天气的差异如此之大呢？

上海在七八月份多高温天，是因为受副热带高气压带的控制。副热带高气压带是一个深厚的系统，其内盛行下沉气流。当一团空气从高空向地面下沉的过程中，若假设它不与外界有热量交换，那么它的温度是会明显升高的。如果这团空气不含水汽的话，那么，它平均下沉100米，气温将上升1℃左右。假设在2700米高空有一团不含水汽的空气下沉到1700米空中，其温度会上升10℃左右。这是因为，高空的空气比较稀薄，地面的空气比较稠密。当高空比较稀薄的空气下沉至地面，它的密度增加了，即它变得比较稠密了。在此过程中，是外界对这团空气做了功，使这团空气内能增加，温度升高了。在七八月份，包括上海在内的长江中下游地区主要受副热带高气压带的控制，下沉气流使其气温升高。

另外，在七八月份，长江中下游地区正午太阳高度角还是相当大的，白昼时间也比较长，地面获得的太阳热量还相当多。加上气流在下沉过程中，气温升高，水汽蒸发，故多晴朗天气。这样，在这段时间大部分的日子里，阳光火辣辣地照射地面，使地面温度升高。地面再把热量传递给大气，使大气温度也随之升高。

我们再来看看此时的北京。北京所在的华北地区，此时主要处于副热带高气压带西北和北侧一带。受高空西风气流的影响，该地区有源源不断的来自低纬度地区、沿副热带高气压带边缘北上的暖湿气流，它与中纬度南下的冷空气相遇，从而易形成阴雨天气。北京降水集中在夏季，其中七八月份降水最为集中。

可见，上海和北京相对于副热带高气压带的位置不同，所受的气流影响不同，这是两地天气不同的主要原因。

那么，为什么在 2013 年七八月份，上海高温日如此之多呢？

有人认为，这种连续高温日的出现是全球变暖的一个表现。也有人认为，这种现象主要是副热带高气压带活动异常造成的。该气压带南北移动具有一定的规律。但是，在有些年份，其移动会出现异常，即其脊线可能在某一纬度停留的时间比往年长一些，在另一纬度停留的时间比往年短一些。这样，有可能造成一些地区长时间的晴热天气，而另一些地区雨量较往年多。因此，我国某一地区在有些年份晴热天气多一些，有些年份又阴雨天气不断，这种情况往往与副热带高气压带的活动异常有关。

夏日避暑去何处？

　　说起夏日避暑的地方，人们常常会首先想到青岛。的确，青岛夏季比较凉快。青岛 7 月份的平均气温是 23.9℃，是我国东部地区许多城市中气温较低的一个城市。在 7 月份，北京平均气温是 25.8℃，相比之下，青岛就显得凉快。即使在炎热的 2000 年夏季，北京的 7 月平均气温升至 29.6℃，上海、南昌、武汉三地分别达到 29.1℃、30.1℃和 31.1℃，青岛还是保持 25.4℃的 7 月平均气温。青岛还兼有海滨沙滩、各种中外建筑和多处风景名胜。夏天，许多游客在沙滩沐浴海风，下水游泳，还有不少游人爬上崂山，去观赏奇峰

青岛海滨

林立、山海相映的景色。青岛成了人们夏日旅游避暑的好去处。

为什么青岛夏日比较凉快呢?

这是由它得天独厚的地理位置决定的。青岛三面环水,一面是陆地。这样,在夏季,我国东部许多地区赤日炎炎,而青岛由于受海洋的影响比较大,仍比较凉快。我们知道,在同样的日照下,海水由于可以容纳比较多的热量(学术名称叫做"热容量大"),海洋升温比陆地慢得多。夏季烈日高照时,我们感到气温相当高;但下海游泳时,感觉到海水还相当凉。由于青岛三面环水,到达青岛的风大多吹过广阔的水面,使空气温度降低,所以,青岛夏日温度比其他一些东部城市足足低了好几度。

夏日避暑另一个好去处是昆明。昆明冬季不冷,夏季不热,有"春城"之称。当1月份我国北方地区寒风怒号之时,昆明却春意盎然,树木青翠,绿草如茵,美丽的红嘴鸥在翠湖上飞翔嬉水。当7月份我国长江流域的重庆、武汉、南京的市民暑热难熬之时,昆明却凉风习习,气候宜人。昆明7月份的平均气温只有19.8℃,足足比武汉低了9℃。如果以月平均气温10℃～22℃作为春天的话,昆明一年有300天属于春天。

云南滇池

昆明冬天不冷，这是因为云贵高原对北方冷空气有阻挡作用。此时，昆明受来自低纬度大陆内部西南干暖气流控制，天气晴暖。一般情况下，北方冷空气难以到达昆明。但是，若北方冷空气势力特别强大，昆明还是会受到冷空气影响的，还是有可能出现白雪飞舞的景象。

昆明夏季不热，这是因为昆明地势比较高，平均海拔为 1891 米，空气比平原地区稀薄，大气保温作用较弱，地面热量易于散发，因此，昆明不会出现如同长江中下游地区夏季高温闷热的天气。另外，昆明城边的滇池面积比较大，对昆明的气候也有一定的调节作用。

昆明尽管一年之中各月平均气温变化不大，但是，它一日之中气温变化却是比较大的。有时候，人们一早起来还感觉有几分寒意，但午后却阳光强烈，气温明显上升。在一天的时间里，你可以见到有人穿毛衣、戴帽子，也可以见到有人穿裙子、穿背心。因此，夏日去昆明避暑，还是要适当多带一些衣服，以备早晚穿着。

除了青岛和昆明外，还有不少地方适合夏季避暑。去一些山上避暑，也是一种不错的选择。例如，夏日的庐山清凉宜人，更有锦绣谷、仙人洞、三叠泉等风景名胜。当山下人们大汗淋漓，饱受酷暑之苦时，山上却凉风习习。若此时再品上一杯庐山云雾茶，更令人心旷神怡。

世界上有不少地方在 7 月份天气不热，有的还十分凉快。例如，德国的科隆由于受大西洋海风的影响，7 月份平均气温只有 18.4℃。在澳大利亚的悉尼，7 月份平均气温仅为 11.8℃，因为澳大利亚位于南半球，此时正值悉尼的冬季。肯尼亚首都内罗毕纬度低而海拔较高，一年之中最冷月平均气温为 14℃，最热月平均气温为 18℃，气温十分宜人。这些地方均是人们避暑的好去处。

庐山三叠泉

形形色色的大风

1944年，美国的一个舰队在海上遇到台风。狂风巨浪使100多架飞机被毁，800多人死亡。1970年，孟加拉湾的台风引起强风暴潮，无情的大水淹没了广大低平地区，使100多万人流离失所、30万人丧生。在农村，台风毁坏房屋和庄稼。在城市，台风吹坏广告牌，吹倒大树，阻碍交通。在海上，台风更是掀起巨浪，倾翻渔船。台风给人类造成过巨大的生命和财产损失。那么，为什么台风有如此巨大的威力呢？

台风是形成于热带海洋上的强大而深厚的气旋性涡旋。其中心的气压相

台风来临前

小龙卷风

当低，因此，会形成快速转动的气流。在北半球，高速运动的气流，围绕台风中心作逆时针方向并且呈螺旋向上的旋转。由于湿热的空气在上升过程中会发生冷却凝结，故台风往往伴随着浓云和暴雨。台风的范围相当大，其直径大多为 600 ～ 1000 千米。台风风速大于 33 米／秒，具有强大的破坏力。台风外围云壁高耸，有狂风暴雨；台风中心有半径为 5 ～ 30 千米的"台风眼"，其内却云消风息。在菲律宾以东的洋面上，台风一面旋转，一面向西北或向西移动，其中有一些会在我国东部沿海地区登陆，带来狂风暴雨的天气。

还有一种风比台风风速更大，破坏力更强，这就是龙卷风。1979 年 4 月 17 日下午，湖南省常德县双桥坪公社 12 岁的放牛娃姚明舫突然被一股黑风卷到高空，飞过两座小丘后摔到了几里外的一个地方。这是关于龙卷风挟人远离的一则报道。国外也有不少有关龙卷风挟人的报道。1920 年秋季的一天，在美国中部大平原的一所学校里，教师正在给学生上课。突然，他们听到一声怪响，教室变得越来越暗，怪声也越来越大。一声巨响后，门窗飞走，教室里的人全被旋风卷走。幸好这一次师生均未丧命。老师从昏迷中醒来时，发现自己躺在田野里。龙卷风的风力极大，风速可达 100 ～ 200 米／秒，比台风大得多。据记载，1956 年 9 月 24 日，上海杨浦区军工路一带一只 11 万公斤的储油桶被龙卷风卷至空中，随后甩在 100 米远处。

在气象学上，我们把破坏力极强、具有强烈涡旋、小范围的天气系统叫做龙卷风。从龙卷风外围到中心，气压急剧下降，因此，它风速极大，但范围却不大，空气涡旋的直径一般只有几米至几百米。在北半球，它大多作逆时针方向旋转。它持续时间较短，一般只有几分钟至几十分钟。在海面上，当龙卷风袭来时，大量的海水会被吸入到涡旋中，形成高大的水柱。有时候，龙卷风还会把水里的鱼和蛙之类，卷到高空再摔落到地面。一些地方下"鱼雨""蛙雨"等，都是由龙卷风造成的。

那么，龙卷风是怎么形成的呢？

有人认为，龙卷风是从雷雨云逐渐发展起来的。当雷雨云发展成快速旋转的空气旋涡时，假如这个旋涡向下伸展到地面，就会形成龙卷风。还有一种意见认为，天空中两条飑线相交，在交点上易形成龙卷风。所谓"飑线"，是指大气中十分狭窄并伴有强风、雷雨的天气带。在飑线交点上，风向、风速的巨大差异，易形成垂直的涡旋。它向下伸展到地面，便形成龙卷风。还有人认为，公路上大量高速右行汽车相互错车时，会产生强大的旋风，在北半球是逆时针方向的，当它与空中一定的天气系统相结合时，便会产生龙卷风。有人指出，美国近 50 年来龙卷风频发与公路上汽车数量增加的状况正好是一致的。

在一些狭窄的山口和谷地，我们还可以见到另一类大风，叫做峡谷风。阿拉山口位于我国新疆的西北部，以多大风而著称。这里平均每年有 8 级以上大风的天数 166 天，风速常常达到 40 米／秒以上。有人说，这里的最大风速达到 55 米／秒，比 12 级台风（33 米／秒）还要大。大风还曾经把当地气象站的风向杆吹倒，把风速仪吹坏。阿拉山口多大风的原因又是什么呢？

阿拉山口特殊的地形是造成其多大风天气的一个重要原因。阿拉山口两侧为海拔几千米的高山，而狭窄的山口海拔高度不足 500 米。这样，当气流从开阔的地带向狭窄的山口运动时，气流会在山口加速流动，产生很大的风速，我们把这种风称作峡谷风。这就像滔滔江水流经峡谷会形成十分湍急的水流一样。

我国云南省的下关市也以多大风而远近闻名。这里常常狂风呼啸，连日不断。其原因是下关市位于西洱河谷地的谷口，在冬春多风季节，风速在河谷地区明显加大，形成大风天气。我国台湾海峡多大风的原因也与上述山口谷地的情况相类似。位于台湾海峡的澎湖列岛年平均风速达到 6.5 米 / 秒，明显高于其他一些地区。一些大城市高楼林立，在并列的两排高楼之间，人们常常感到此处的风速比别处要大，造成此现象的原因也可用峡谷风来解释。

南极洲又是一个地球上多大风的地方。狂风挟带着粒雪和冰屑，横扫大地。冬季风暴较多，每次长达 6 ～ 8 天。在大风呼啸、满天飞雪的日子，人们寸步难行，连眼睛都睁不开。大风严重威胁人的生存。南极洲的风速特别大，一般风速达到 17 ～ 18 米 / 秒，有人还记录到 100 米 / 秒的风速，这是迄今全球所观测到的最大风速。1960 年 10 月，一位叫做福岛的日本科学家在南极洲被狂风刮走。7 年之后，人们在离原地 4.2 千米处发现了福岛先生的遗体。

南极洲的风为什么如此之大呢？

我们知道，南极大陆终年气候寒冷，因此，南极大陆为一个高气压区所占据。在南极大陆的外围，则是副极地低气压带。于是，两者之间气压相差很大，从而造成快速运动的气流。南极洲地势比较高，气流从高处直冲海洋，更加大了暴风的威力。在一些谷口，风速更是大得惊人。

通过上述一些例子，我们可以知道，巨大的气压差是造成大风的基本原因。在一些局部的地区，山口和峡谷的地形也会形成风速增大的现象。

◎ 气象气候

23

天气谚语有无科学道理？

我国民间有不少天气谚语，如"东北风，雨太公""瓦块云，晒死人"等。人们用天气谚语预报天气，预报的效果往往也不错。某中学计划在星期日召开全校运动会，但是，从星期五到星期六，连续下了两天雨。若星期日继续下雨，运动会只能延期举行。星期六的傍晚，雨停了，东边的天空还出现了彩虹。该学校气象活动小组的学生见此现象，再根据"东虹日头西虹雨"的天气谚语，作出了星期日天气转晴的预报。第二天，果然天空放晴，学校运动会如期举行。那么，天气谚语有没有科学道理呢？

气象工作者经过大量研究，发现民间的许多天气谚语都有一定的道理。但是，天气谚语往往有地方性和季节性的特点。因此，要准确地预报天气，既要重视天气谚语，又要结合天气形势图，这样才能较好地把握天气变化的规律。

例如，"东虹日头西虹雨"是说，如果人们在傍晚看到东方天空有虹，则预示着当地第二天天气晴好；如果人们在早上看到西方天空有虹，则表明当地将会有阴雨天。这种预测是否有道理呢？

我们知道，大气中有时会有一些微小的水滴。当太阳光照射到这些水滴时，水滴会对太阳光进行折射和内反射，结果将太阳光折射出红、橙、黄、绿、青、蓝、紫七种颜色，在天空中形成美丽的彩色圆弧，这就是虹。人们看到的彩虹是红色在外，紫色在内。虹的出现表明当地既有阳光照射，大气中又存在水滴。

我国大部分地区位于北温带，高空盛行的是西风气流。受高空西风气流的影响，降雨的云系一般是自西向东移动的。因此，若傍晚看到东方有虹，

彩虹

则表明雨区已经东移，当地天气将转晴；若早上看到西方有虹，则表明西方空气中水滴比较多，雨区即将移来，天气快要变坏。因此，"东虹日头西虹雨"的说法是降雨云系自西向东移动所带来的现象，是有道理的。

但是，在另一些情况下，这一条谚语却不适用了。例如，在我国东部沿海地区，夏秋季节常受台风的影响。台风常常是自东南向西北移动的。因此，若台风向西运动而在天空中形成虹时，则不会出现"东虹日头西虹雨"的现象，而是成了"东虹有雨"了。

又如，有一条天气谚语叫做"天上有了钩钩云，三日五日雨淋淋"。这一谚语的意思是，若我们见到天空出现了钩钩云，即一种具有丝缕状结构、丝绸般光泽的、分离散处且形状有一点弯曲的云（在气象学上叫做卷云），那么天气即将要变坏，有可能过几天就要下雨了。这又是为什么呢？

我们知道，冷暖空气的交界面叫做锋面。在锋面上有暖空气的上升运动，所以一个地区受锋面的控制，常常出现云量增多和下雨的天气。当暖空气推动锋面向冷空气一侧移动时，这种锋叫做暖锋，暖锋会引起一个地区连续性降水。暖锋上常常出现广阔的系统的云系，当一暖锋向某地移动过来时，常依次出现卷云、卷层云、高层云和雨层云。其中雨层云厚度大，降水主要发生在受雨层云控制的地区。卷云和卷层云不引起降水，但它们的出现，往往预示着紧接着要出现高层云和雨层云。也就是说，预示着将有可能出现连续性降水。

卷层云是白色透明、有丝缕状结构的云，但它在天空中不是孤立分散分布，而是能够遮蔽部分或全部天空。当卷层云出现且天空有晕出现时，常预示着天气可能要转雨了。农谚"日晕三更雨，月晕午时风"便是指此征兆。

还有一条天气谚语叫做"天上鲤雨斑，明天晒谷不用翻"。这是说，若天空出现一片棋盘格子般的云块，那么天气将是晴好，日照强烈，把谷子晒在地上，不翻动也能把谷子晒干。这又是为什么呢？

当大气中存在空气密度和气流速度不同的界面时，便会引起波动。此时，处于波峰的空气上升，可能冷却成云；处于波谷的空气下沉，则无云生成。这样，会形成一列列平行排列的云条。如果有两个波动方向，那么新产生的波动便会叠加在原来的波动之上，从而形成一种类似棋盘格子的云块。在气象学上，我们把这种云叫做波状云。

如果大气层下层不稳定，而上层很稳定，在这种情况下，特别有利于波状云的形成。因为空气上下层均稳定，不利于波动的形成。如果空气上下层均不稳定，则产生的不是波动，而是对流。而下层不稳定、上层稳定的空气层，既保证受扰动的空气有一定的垂直运动，又不至于发展成对流。由此可见，波状云的产生，往往预示着大气层的上层很稳定，故多晴好天气。

但是，有时候波状云与大片的层状云连在一起，则表明将有风雨来临。因为层状云的出现往往是锋面即将移来的前兆。所以也有农谚说："鱼鳞天，不雨也风颠。"因此，当天空出现波状云时，还需留意它是否与层状云连成一片，必要时还要看天气形势图，看看是否有锋面移来。这样，我们才能把此后几天的天气准确预报。

在民间，还有一种说法，叫做"露重见晴天"，意思是说若清早露多，往往预示着白天晴朗。这又是什么道理呢？

在秋冬季节的夜晚或清早，我们有时会看到树叶上有一些小水珠，这就是露。有诗曰："可怜九月初三夜，露似珍珠月似弓。"首先，我们要弄清楚露是怎么形成的。

我们知道，空气中含有一定量的水汽。而且，空气温度越高，空气含有水汽量越大；反之，含有水汽量越少。在夜间和日出之前，空气的温度比较低。这时候，若空气比较潮湿，加之降温使空气包含水汽的能力降低，其中一部分水汽就会在树叶、屋顶等地物之上凝结成水滴，从而形成了露。

在什么气象情况下，比较容易形成露呢？

一是在晴天的夜间和清晨，比较容易形成露。因为晴天的夜间和清晨，天空中无云，地面的热量直接散发到宇宙空间，被大气吸收的热量比较少，因此，地表降温较快，有利于露的形成。可见，"露重见晴天"是有道理的。

二是在有微风的情况下，比较容易形成露。因为微风能源源不断地把潮湿的空气带来，又把已经析出水汽的空气带走。如果无风的话，就难以把潮湿空气不断送来。而如果风太大的话，近地层冷空气和高层较暖空气会发生强烈的混合作用，使地表的温度比较高，也不利于露的形成。

在白天，我们一般看不到露，这是为什么呢？这是因为太阳出来后，近地层空气温度升高了，空气能够含有水汽的能力又增强了。这时候，露就会蒸发成为水汽，又进入了空气之中。

综上所述，民间的天气谚语是老百姓长期生活和生产经验的总结。在各地天气预报中，天气谚语有着重要的作用。但我们也应看到，不同地方、不同季节，常常有不同的天气谚语。把天气谚语和天气形势图结合起来，有助于获得比较好的预报效果。

为什么会下雨？

　　我们见过毛毛细雨，也见过倾盆大雨。我们见过一些雨历时很短，也见过一些雨连绵不断地下上好几天。有时候，天空浓云密布，一会儿大雨滂沱，又一会儿雨过天晴。1998 年 7 月 9 日晚上至第二天凌晨，我国陕西省商洛地区丹凤县某地下了一场特大暴雨，历时六七个小时，雨量超过 1300 毫米，相当于我国南方一些地区一年降雨量的总和。那么，天空为什么会下雨？这些雨水是从哪里来的呢？

　　雨是从空中降落到地面的水滴。飘浮在天空中的水有气态、液态和固态，而且它们会相互转化。气态的水叫做水汽。当富含水汽的空气冷却后，其中的不少水汽就会变成液态或者固态。因为随着气温的下降，空气容纳水汽的能力会急剧下降，例如，当一团空气从 30℃降至 10℃时，其容纳水汽的能力要下降 2/3 以上。因此，当空气含有比较多的水汽并且受到冷却后，无法被空气容纳的那部分水汽，就会以一些细小的尘粒为核心而发生凝结或凝华，生成小水滴或小冰晶。它们悬浮在空中，便形成了云。这种小水滴或小冰晶会在空中上下运动，相互碰撞。在此过程中，其体积会增大。当上升气流无法顶托它们时，它们就降落至地表。它们若以液态水的形式降至地表，叫做降雨；若以固态水的形式降至地表，则成为雪或冰雹。

　　根据冷却过程的不同，我们把降雨分成锋面雨、对流雨和地形雨等。

　　先说锋面雨。当冷暖空气相遇时，它们之间会形成一个与地面有一定倾斜角度的过渡区，人们把它叫做锋面。暖空气因较轻而在上，冷空气因较重而在下。暖空气会沿着锋面向上运动。若暖空气含有较多水汽，则到了一定高度后，因为气温降低而使水汽发生凝结，成云致雨，这样形成的雨叫做锋面雨。每年春夏之交，锋面在我国长江中下游一带徘徊，使该地区形成较长时间的降雨。此时正值梅子成熟之际，故人们把此时的雨叫做梅雨。宋朝赵师秀的《约客》诗中说："黄梅时节家家雨，青草池塘处处蛙。"这正是梅雨景象的生动写照。每年秋季，在我国广大地区上空，经常有冷空气推动锋面向暖空气一侧运动，暖空气被迫抬升，若此时暖空气比较潮湿，则也会因冷却而发生凝结，形成秋雨。由于整个地区锋面过后被冷空气占据，气温下降，故有"一场秋雨一阵寒"的现象。

再说对流雨。在夏日的午后，人们常常经历这样的天气：一开始是烈日高照，人们感到十分闷热。后来天空中出现乌云，天空逐渐变暗。当地面被浓厚的黑云笼罩时，突然会有一阵凉风吹来。此风风速较大，有时还能见到飞沙走石的景象。气温急剧下降，有时降温幅度可达到10℃左右。路上行人匆忙赶路，小贩们忙于收摊，家庭主妇则忙于把晾晒的衣服收回……一会儿，倾盆大雨从天而降，有时还伴有电闪雷鸣。此雨一般下得不长，雨停以后，天空放晴，空气清爽。这就是通常所说的对流雨，也称雷阵雨。为什么会形成这种降雨呢？

在夏日的午后，地面强烈受热，近地层气温升高。由于地表的不均一性，一些地方的空气比周围地区温度更高。而温度更高的空气很不稳定，遇上升气流或地形抬升便会向上运动。由于高空的空气密度比近地层小，于是，上升的气块会膨胀，对外界做功，从而使其自身温度降低。若上升气块水汽丰富，便会凝结成云，通常形成一种孤立、分散、底部平坦的云。当这种云发展到一定阶段，其厚度加大，常常呈砧状，云内气流上下运动强烈。当下沉气流把高空比较冷的空气带到地表时，便形成了凉爽的大风。紧接着，一场大雨把大地包裹在雨雾之中。这就是夏日常见的午后雷阵雨。

最后，说一说地形雨。在山岭的迎风一侧山坡，我们可以见到另一种的降雨。若气流含有比较多的水汽，则会沿山坡一路上升，逐渐发生冷却凝结，从而成云致雨，这种雨叫做地形雨。印度东北部有一个地方叫做乞拉朋齐，它是世界上降雨最多的地方之一。我国北京的年平均降水量是644毫米，上海为 1124 毫米，广州为 1694 毫米，但是，乞拉朋齐的年平均降水量有 11000 多毫米，比上述几个城市要多得多。若把乞拉朋齐的年降水量平均分摊到一年中的每一天，则每天的降雨量均超过 30 毫米，都是大雨。为什么乞拉朋齐如此多雨呢？

这首先是因为乞拉朋齐受到源源不断的西南气流的影响。这西南气流来自广阔的印度洋，带有大量的水汽。其次，乞拉朋齐位于西南气流的迎风山坡，气流在运动过程中受阻于山坡，于是沿山坡抬升，气温降低，大量的水汽发生凝结，形成丰富的降雨。

以上，说了形形色色的雨和多雨地区，那么，世界上什么地方降雨特别稀少呢？在南美洲智利的阿塔卡马沙漠，几年不下一场雨，是一个降水特别稀少的地区。这是因为，这个地区受副热带高气压带的控制，气流下沉，风向与海岸平行，故空气中水汽含量少。加上强大的秘鲁寒流使近地层大气温度降低，使大气层十分稳定，不易形成对流，故降水十分稀少。

我国降水最多的地方是台湾省的火烧寮。据 1906～1944 年的统计，年平均降水量达到 6557.8 毫米，其中 1942 年达到 8408 毫米。我国西北地区的塔里木盆地和柴达木盆地降水稀少，年平均降水量不足 50 毫米。位于塔里木盆地的且末，年平均降水量仅为 18.6 毫米；另一个地方若羌，只有 15.6 毫米。

冰雹面面观

有时候，天空中会降下一阵阵的冰粒。常见的冰粒有黄豆或蚕豆大小，有的有鸡蛋般大小，这些大大小小的冰粒就是冰雹。从高空降落下的冰雹，对地面有很强的冲击力，落在屋顶上，会产生较大的声响。冰雹会损坏庄稼，伤害人畜，因此，冰雹是一种灾害性的天气。

1961 年 4 月 7 日，一艘船停靠在卡塔尔某港口。下午，忽然乌云遮日，狂风大作，一场冰雹从天空中降下。冰雹下得很密，看出去只见茫茫一片。下得最密时，能见度不足 100 米。据当时目击者称，有的冰雹颗粒很大，直径足足有 5 英寸（12.7 厘米）。冰雹落在海上，溅起一团团白色的水花。冰雹过后，船员们走出船舱，发现罗盘罩受冰雹打击后，留下了 2 厘米深的凹痕。

还有报道，在一次冰雹中，有人见到一块体积很大的雹块。据测量，其体积为 29 英寸 ×16 英寸 ×2 英寸，即长 74 厘米、宽 41 厘米、厚 5 厘米。据说，还有人见到一块重量约为 80 磅的巨大雹块，折合为 36 公斤重。

降落到地上的冰雹有多种形态。有球形或卵形的，也有金字塔形的，还有板形和不规则形的。有些雹块还结晶得很好，像是金刚石的晶面。人们还发现，不少雹块具有分层结构，最里面的是坚硬而透明的冰核，其外包着白色的冰层，再向外则又是一层透明的硬冰层。这样，透明和不透明的冰层交替出现，共有 5 层之多。还有人发现，一些雹块内有黑色的金属小颗粒。更有稀奇者，有人发现，一雹块内竟然还包着一个金花龟。

冰雹会严重毁坏庄稼。在一些山区，一场冰雹后，田里的庄稼会被全部砸死。农妇们望着满地冰粒和被冰雹砸得东倒西歪的庄稼，或伤心流泪，或号啕大哭。有报道，在非洲南部的博茨瓦纳，曾经下了一场大冰雹，砸死了19个人。冰雹过后，地下铺满了一层厚厚的冰粒，人们把死者从冰粒下挖出来掩埋。1988年7月中旬，山西省原平县遭受了3次特大冰雹的袭击，有1万多亩庄稼被毁，2人在冰雹中丧生。当年7月13日，静乐县康家会镇刘西村突降冰雹，1小时后，地面冰雹覆盖厚度达到30厘米，1100亩农作物被毁，打死打伤羊500余只。

冰雹对人类造成了巨大的损失。那么，这从天而降的冰雹是如何形成的呢？

在温暖季节，地面局部受热后会形成强烈的空气上升运动。地面空气上升后，体积会膨胀，空气因内能被消耗而降温。随着气温下降，空气容纳水汽的能力急剧下降，于是，大量的水汽就变成了小水滴或小冰晶，形成了浓厚的积雨云。小冰晶会随气流而发生多次上下运动，因为小冰晶受重力作用向下运动，受上升气流顶托作用而向上运动。在此过程中，许多水汽又以小冰晶为核心发生凝华，即水直接从气态变成了固态；或一些水汽先凝结成小水滴，再发生液态水向固态水的变化。这样，冰晶的体积由小变大。当冰晶体积达到了一定程度后，上升气流就无法托住冰晶，于是，这些冰晶就降落到地上而成为冰雹。在山区，地面崎岖不平，易发生局部地区受热而多对流性天气，故山区多冰雹。

面对冰雹的袭击，人们可以采取什么预防措施呢？

在目前科学技术水平条件下，人们首先要提高天气预报的水平，以便在冰雹降落之前做好准备，尤其要防止人畜伤亡。另外，一些地区根据天气预报，尝试向浓厚的积雨云发射"土火箭"，使其能在一定程度上破坏积雨云的结构，从而减轻冰雹袭击的强度。

西北内陆多奇观

在我国西北内陆地区，有一望无边的沙漠。这里，沙丘连着沙丘，是一片沙的海洋。有时，遇到人们赶着骆驼穿越沙漠，老远就可听到驼铃声声。西北地区还有高耸的昆仑山、天山，山势雄伟，山顶终年白雪皑皑。除了这些景观之外，到过西北内陆的人，还可以见到一些奇特的地理和人文景观。例如，在一些气候异常干旱的地方，却分布着一片片生机勃勃的绿洲。在这些绿洲上，小麦、玉米、棉花等农作物成片分布，人们还常常可以见到瓜地和葡萄园。这种沙漠里的绿洲现象是怎么形成的呢？

原来，西北地区有一些高大的山脉，山顶上终年为冰雪覆盖。当夏季来临时，气温升高，高山上的冰雪大量融化，汇成河流，滋润着山前一带的土地。人们利用这水源进行耕作，便形成了绿洲。在吐鲁番地区，当地农民用一种叫做"坎儿井"的独特灌溉方式，引水灌溉，培育出品质优良的葡萄。吐鲁番有一条葡萄沟，它长约8千米，宽约1千米，在这一片土地上，葡萄园连绵不断。在收获季节，绿色的、紫色的葡萄一串串挂满园内，形成这里一种独特的景观。所谓"坎儿井"，主要是由长长的相互成网的地下引水渠道组成。水在地底下流动，既减少蒸发，又防止污染；更可贵的是，由于暗渠内的水避免了太阳光直接照射，水温较低，凉爽宜人，这在以干热著称的吐鲁番盆地十分难得。

我国西北内陆地区另一个奇特的现象是早晚气温相差很大。有人说，在这里是"早穿皮袄午穿纱，围着火炉吃西瓜"。这又是怎么一回事呢？为什么会形成昼夜温差大呢？

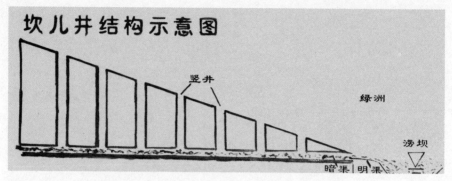

坎儿井结构示意图

  首先，这些地区气候干燥，大多是晴朗无云的天气。在白天，由于无云遮挡阳光，到达地面的太阳辐射热量比较多，因此使气温上升很快。而晚上，由于天空无云，空气中也缺少水汽来吸收地面的热量，地面放出的热量大量散发到宇宙空间中去，因此使晚上气温又迅速下降，到日出之前，气温降至一天的最低点。

  其次，这些地区多沙漠和裸地。在同样的日照下，沙漠和裸地由于热容量较小，温度升高要比水面快得多，这是造成内陆地区白天高温的一个重要原因。到了晚上，地面放热降温，沙漠和裸地因热容量小，放热引起的降温又比水面快得多。这样，我国内陆地区晚上气温下降幅度比较大。

  我国西北地区的另一种奇怪现象是，在一些地方，尽管以气候干旱著称，却也会发大水。例如举世闻名的莫高窟位于甘肃敦煌，而敦煌境内有条河流叫做党河。这里是我国干旱地区之一，降水稀少，但在1979年，却发生了一场水灾。原因有三个：一是这一年夏季气温高，高山融雪多，靠冰雪融水补给的党河上游水库，在7月份水位就相当高了；二是这一年有一支来自印度洋的西南气流，越过青藏高原后向祁连山方向运动，给敦煌一带带来大量雨水；三是当地老百姓十分珍惜水，当党河水库的水位越过警戒线后，仍舍不得开闸泄洪。结果水库决了堤，敦煌城很快就到处是积水了。

  大西北面积广大，地底下蕴藏着丰富的石油、天然气、煤、镍等矿产资源，开发潜力巨大。它那多姿多彩的奇特景观和奇异现象，更增添了它诱人的魅力。

新疆坎儿井内部情形

奇特的青藏高原气候

　　拉萨是青藏高原上一颗璀璨的明珠，素有"日光城"之称。到过拉萨的人，一定对那里强烈的日照有深刻的印象。在那里，蓝色的天空衬托着白色耀眼、光芒万丈的太阳，即使太阳降落到地平线上，也是令人眩目难睁、不可直视。生活在青藏高原上的藏族同胞，长期受到那里强烈日照的影响，肤色黝黑。

　　为了比较青藏高原与其他地区日照情况的差异，我们引入一个叫做"年太阳总辐射量"的概念，即某个地区一年内接受到的太阳总辐射量，其单位是：千卡／平方厘米。我国年太阳总辐射量的分布大势是西部多，东部少：青藏高原是我国年太阳总辐射量收入最多的地区，为 180 ～ 240 千卡／平方厘米；西北地区为 140 ～ 180 千卡／平方厘米；华北和东北大部分地区为 120 ～ 140 千卡／平方厘米；南方地区基本上小于 120 千卡／平方厘米。拉萨的年太阳总辐射量为 202.4 千卡／平方厘米，比我国东部地区要高得多。在雅鲁藏布江的上游河谷和西藏西部的阿里地区，一年内接受到的太阳总辐射量更多。例如，在日喀则和噶尔，年平均日照时数比拉萨多 230 ～ 390 小时，全年太阳总辐射量比拉萨多 20 ～ 40 千卡／平方厘米。

　　为什么青藏高原日照如此强烈呢？

　　青藏高原地区空气比较稀薄，又多晴天，天空中云量少，使大气吸收、反射和散射的太阳辐射比较少，从而使最终到达地面的太阳辐射能量比较多。

　　拉萨尽管日照强烈，但在受不到阳光的阴处，气温还是相当低的。当夏季我国大部分地区气候炎热之时，青藏高原却有大范围的气温较低地区。拉萨 7 月份的平均气温是 15.1℃，青藏高原有的地方还不足 8℃。在拉萨，从暖

拉萨

热的阳光下走进屋子,顿时会有一阵寒意,有时手摸桌子,也有冰凉的感觉。"日晒胸前暖,风吹背后寒",便是拉萨气温的生动写照。夏日去青藏高原旅游,不仅可以饱览高原风光,还不会有酷热难受的感觉。

为什么7月份青藏高原气温如此之低呢?有人奇怪,青藏高原地势高,在白天,与太阳的距离比平原地区要小一些,按理它接受的太阳热量更多一些,可为什么其气温反而如此之低呢?

实际上,一个地方温度高低取决于两个基本因素,即在一定的时间内,它获得的热量多少和它失去的热量多少。这两者的差值,决定了这个地方温度的高低。如果一个地方获得的热量多,失去的热量少,它的温度就升高;反之,它的温度就降低。青藏高原与长江中下游平原纬度相近。在这两个地区的大气层顶部,获得的太阳热量也是相近的。但是,青藏高原由于地势很高,造成青藏高原上的大气层空气比较稀薄。正是由于这层比较稀薄的空气保暖作用差,加上天空中水汽含量少,云量少,致使青藏高原地表的热量大量散发,从而造成该地区7月份气温比较低。这就像一个人在晚上睡觉时,若盖上厚厚的被子,就会感到很温暖;而盖上一条薄薄的毯子,则会感到比较冷。

那么,又为什么我国夏季的低温中心没有出现在纬度相对较高的东北地区呢？（在7月份，哈尔滨的平均气温为22.8℃，比拉萨高出7.7℃。我国东部地区7月份平均气温绝大多数在22℃以上。）这首先与太阳热量在地表分布有关。我国东北地区比其他地区纬度要高，在7月份，正午太阳光线与地面的夹角比其他地区要小，这一因素使东北地区获得的瞬间太阳热量较少。但是，此时太阳光直射点在北半球，北半球纬度越高的地方，白昼越长。东北地区因纬度比较高而造成其白昼比较长，这一因素又导致东北地区获得太阳热量的持续时间长。小火炖中药，其功效不比猛火急煎差。其次，东北地区海拔高度比青藏高原低得多，大气保温作用比青藏高原要强。因此，东北地区在7月份气温不显得很低，其大部分地区气温在22℃以上。另外，在夏季，东北地区还受到风向偏南的夏季风的影响，空气暖湿，这也是造成东北地区在7月份气温不会很低的一个原因。

通过上述分析，我们可以知道，在7月份，我国最低气温不是出现在纬度相对较高的东北地区，而是出现在地势高、空气比较稀薄的青藏高原。青藏高原既是我国日照最强的地区，又是我国夏季气温最低的地区，这正是青藏高原气候的奇特之处。

若是夏日去青藏高原旅游观光，一是要多带一些衣服，因为那里早晚气温还相当低。二是要有好身体，因为那里空气比较稀薄，不是每一个人都能适应那里环境的。三是可以带一些防晒用品，因为在高原地区日照比较强烈。

为什么"一山有四季，十里不同天"？

在地处云南与四川交界的金沙江谷地，夏季十分炎热。在这里，有时候连吹来的风也是热烘烘的。在江边漫步，你可以见到金沙江水奔流而过，江边有一片片的甘蔗田。若你沿着"之"字形的小道爬山，便渐渐有远离酷热的感觉。再往上爬，则可沐浴凉风习习。在一些平坝地区，你可以见到一片片绿色的水稻田。若你继续爬山，不知不觉中，又可以见到另一番景象：这里的土地上，生长着土豆和荞麦。有时候，你有幸看到农民从土中挖出一个个硕大的土豆。此时，若你停下来休息片刻，忽然会感到有一阵寒气袭来。整个登山过程，从山底到山顶，感觉犹如从盛夏到深秋。

西藏的德姆拉山口，海拔有 4610 米。这里寒风凛冽，不远处还有寒气逼人的冰川。在附近，你还可以见到绿茵茵的高山草甸，青草长满山坡，草丛中有不少不知名的美丽小花。若乘汽车沿公路向下，你可以见到大片的高山杜鹃花。再往下，汽车便把你带入针叶林中。高大、挺拔的冷杉、云杉，默默屹立在崇山峻岭之中，好像它们成了大自然的主人。若随车沿公路再往下，人们便进入幽暗的阔叶林地。汽车继续前行，突然之间，你会发现路边有美丽的棕榈和芭蕉。下车后环顾四周，这里香樟、茶树成片，一片鸟语花香的景象。这便是风光绮丽的海拔仅 1600 米的察隅台地。

上述登山或下山所经历的景象，就如人们所说的，是"一山有四季，十里不同天"。那么，为什么会形成这种现象呢？

这要从地球表面的大气层说起。地球表面覆盖的大气层能够吸收相当多地面放出的热量，且吸热后又把其中一部分热量通过热辐射的形式返还给地面。因此，大气对地面有保温作用。在平原地区，近地面大气层比较稠密，空气中水汽和二氧化碳一般也比高山地区要多，而水汽和二氧化碳能够强烈吸收地面的长波辐射而使大气增温，故平原地区上空的大气层保温作用比较强。而在高原地区上空，空气比较稀薄，空气中能够吸收地面长波辐射的物质比较少，尤其是缺少能够强烈吸收地面长波辐射的水汽和二氧化碳，故地面的热量大量散发到太空中去，从而降温较快。在孤立凸出的高山顶上，大风把周围温度较低的空气吹来，故气温也比较低了。

再看，从山谷到山顶的一路上，降水情况也往往有变化。在迎风的山坡上，一开始往往降水不多。但若此处山高坡大，那么，到了一定的高度，由于水汽沿山坡上升，会因气温下降发生凝结而成云致雨，故降水比较多。在气象学上，把这种降水称作地形雨。再往上，则可能由于空气中的水汽大部分已通过降雨降至地表，因而水汽含量已不多，故降雨也不多了。可见，在山高谷深的地方，山谷、山坡、山顶的气温不同，降水也往往有变化，难怪有人会说"一山有四季，十里不同天"了。

稀奇古怪的气候分布现象

热带地区一般终年高温，寒带地区一般是冰天雪地的景象。但是，在某些热带地区，却有冰雪覆盖；在某些寒带地区，也可见到水波荡漾的景象。这些例外现象，看似稀奇古怪；其实，它们的形成，分别有着自己的原因。

在非洲东部有一座乞力马扎罗山。山麓地带长约70千米，宽约56千米。此山海拔5895米，是非洲的最高峰。乞力马扎罗山离赤道不远，但是它顶部却终年冰峰峭立，就像戴上了一顶银光闪闪的雪盔。平时，由于山腰间时常有云雾缠绕，人们很难看到它的真面貌。在云消雾散之时，人们才看到这圆锥形高山的顶部被冰雪覆盖，给人以庄严神秘之感。从山麓到山顶，由于气温逐渐降低，景观也随之变化：在迎风的山坡、山脚一带气候炎热；向上，依次出现热带山地雨林和高山草地；在5000米以上，则是高山荒漠和冰雪。山脚常有斑马和长颈鹿出没，山顶却全无动物影踪。这真是难得一见的奇观。

乞力马扎罗山山顶之所以低温，主要是由于山顶一带多大风，从而把周围地区的空气吹来。而这些空气因远离地面，获得的地面热量少，温度相当低，加上山顶一带空气稀薄，大气保温作用差，于是造成低温。

实际上，在热带地区，气温不高、气候凉爽宜人之处并不少见。例如，肯尼亚首都内罗毕，尽管离赤道不远，但它位于高原之上，气温一般总在27℃以下，是热带地区的一个避暑和游览胜地。紧靠着赤道的厄瓜多尔首都基多，位于海拔2800多米的地方，年平均气温在13℃左右，一年中最热月平均气温与最冷月平均气温之差（气象学上叫做"气温年较差"）只有0.8℃，更没有赤日炎炎的景象。

在太平洋东部的加拉帕戈斯群岛，人们可以见到更为稀奇的景象。由于赤道横穿群岛中央，故按一般推测，这里应是高温多雨的气候。但在这群岛上，气候却是寒冷干燥，有大量加拉帕戈斯企鹅分布，这些企鹅是唯一的赤道区企鹅。造成这种奇特现象的原因，是这个群岛正好位于强大的秘鲁寒流的前进道路上。寒冷的海水把这个群岛包围起来，造成了它气温低和降水少的状况。

在俄罗斯北冰洋沿岸，有一个港口城市摩尔曼斯克。它位于北极圈以内，按常理推测，这里应该是冰雪覆盖的景观。但是，摩尔曼斯克却是一个终年水波荡漾的不冻港。由于位于北极圈以内，摩尔曼斯克有极昼和极夜现象。每年夏至前后，全天24小时天空都是明亮的。而在每年冬至前后，人们昼夜见不到阳光。不过大街上霓虹灯、路灯、车灯亮着，形成了这座城市的一种独特的景观。不少游客慕名前来游览这个北极圈内的不冻港，欣赏这里奇特的风光。

摩尔曼斯克之所以成为不冻港，是因为港口水域受到势力强大的北大西洋暖流的影响。我们知道，墨西哥湾暖流势力十分之巨，从美国东海岸哈特勒斯角往下游的1000千米处，其流量大约相当于全世界所有河流流量的120倍。北大西洋暖流是墨西哥湾暖流的延续，它穿越大西洋，沿欧洲西海岸北上，一直影响到北冰洋沿岸的一些海域。它给冰冷的北冰洋送来了巨大的热量，使海水温度明显升高。在摩尔曼斯克，虽然有时候气温降至 −20℃，但港口水域仍然不冻。

在非洲大陆的一些西海岸地区，人们又可以见到另一种奇怪的景象。在这些离大西洋不远的地方，竟然分布着沙漠。撒哈拉沙漠是世界上最大的沙漠。连绵的沙丘显示着这里的气候十分干燥。为什么近海地区没有出现常见的湿润气候，而是有连片沙漠分布呢？

形成这种状况的主要原因，是大气环流因素的影响。南北回归线附近，是世界上副热带高气压带分布的地区。这里气流下沉，会引起增温。如此，大气能够容纳水汽的能力增加，难以成云致雨，故多晴热干燥的天气。撒哈拉地区冬季气温较低，从而形成一个高压区，从该高压区吹出一股非常干燥的东北风，可影响非洲西部大部分地区，这对撒哈拉沙漠不断扩张直逼大西洋沿岸也有一定的影响。另外，沿岸海域有寒流流过，使大气层下层降温，从而造成大气层上暖下冷的情况，使大气层比较稳定，对流难以形成，故不易成云致雨，结果易在沿海地带形成干旱的气候。

由此可见，纬度位置是影响一地气候的基本因素，离海洋远近对一地降水也有重要影响，但这些不是影响气候形成的唯一因素。在一定的条件下，地势高低、大气环流、洋流作用也会对气候产生非常重要的影响。所以，对气候成因的分析，要考虑多方面的因素。

气候变化之谜

　　据报道，在河南安阳出土的殷墟中，发现有水牛、象、竹鼠等遗骨。在洛阳的一个古代遗址，人们发现有两根象牙的化石，经确认，约有 5 万年的历史。在殷墟发现的甲骨文中，还记载过一人打猎时捕获一头大象的事件。我们知道，水牛、象、竹鼠等动物喜欢温暖湿润的环境。由此可见，河南一带的气候曾经比现在温暖得多。古时河南叫做豫州，这"豫"字，按象形文字的意思看，是一人牵一象。有人也由此推测，河南曾经是大象出没之地。

　　据记载，我国在隋唐时期，气候比较温暖。我国现在分布在南方的竹子，在隋唐期间曾分布到黄河流域一带。而在宋朝，我国气候转冷。1111 年，太湖大面积结冰，且"冰坚足可通车"，洞庭山上的柑橘也大多被冻死。1131～1264 年，杭州冬天十分寒冷，春天下雪也多达 41 次。南宋期间，因天寒地冻，黄河流域不见竹子。到了元朝，气候转暖，黄河流域复有竹子出现。至明朝，天气又多寒冷。据江苏阜宁县志记载，在 1493 年，"冬大雪，六十日沿海坚冰"。在 17 世纪后半叶，我国迎来了更为寒冷的时期，此期间太湖结冰达 4 次之多，洞庭湖也有过 3 次冰冻。

　　那么，古今气候为什么会如此多变呢？造成气候变化的原因是什么呢？由于气候变化的原因十分复杂，因此，科学家尽管一直在探索气候变化的原因，但至今还没有完全弄清楚这个问题。不过，有一些因素会引起气候发生变化，这些因素已经得到人们的公认。

　　首先，一个地区的地形发生变化，会引起该地气候的相应变化。例如，在喜马拉雅山地区，人们在岩层中发现了许多生活在海洋中的动物化石，如珊瑚、海胆、介形虫、鹦鹉螺等。在希夏邦马峰山麓地带，还发现了体型很大的鱼龙化石。原来，在今日被称为"世界屋脊"的喜马拉雅山地区，在地质年代里，曾经是一片汪洋。直到距今 7000 万至 4000 万年前，这里地壳上升，形成一片温暖的浅海。故今有许多海洋生物化石发现。在以干旱著称的撒哈拉沙漠地区，人们也发现了珊瑚化石。由此可以推断，这里也曾经是海洋。

其次，大陆的漂移使一些地区的地理位置发生了变化，从而引起了气候的变化。例如，人们在南极大陆上发现了厚度很大的煤层。我们知道，煤炭是在遥远的地质年代里，由于植物大量死亡后又被泥沙埋藏起来，经过漫长时间之后才形成的。可见，南极洲当初能够使大量植物生长，不可能是今日冰雪覆盖的环境。有人推测，南极洲曾经位于温带，有过茂密的森林，后经长途漂移，才到达今日的南极地区。由于南极地区纬度高，获得的太阳热量少，加上其他一些原因，形成今日酷寒的气候。

再次，海陆分布的变化，影响洋流流动的路线，这对气候也有不小的影响。例如，在一个叫做晚石炭纪的地质年代，北半球大陆之间有广阔的海域，使赤道北太平洋暖流北上，进入寒带水域，从而使北半球有大范围气候比较温暖的地区。

如果大气环流和洋流的相互作用发生了变化，那么，就会引起大洋两岸地区的气候变化。现在，人们越来越关注"厄尔尼诺"现象，即南美洲秘鲁和厄瓜多尔附近尺度为几千千米的东太平洋海面温度异常升高的现象。它的成因，至今尚不完全清楚。一般认为，当南半球东南信风盛行时，秘鲁、厄瓜多尔沿海一带，受离岸风的影响，冷水上翻，沿岸水温比较低，造成大气层稳定，降水稀少，故气候干旱；但是，每隔 4～7 年，会出现东南信风减弱甚至转变成西风的现象，这样一来，秘鲁、厄瓜多尔沿海一带便形成了大范围的暖水区，大气层因而变得不稳定，降水量大增，一些地方甚至出现了洪水泛滥。而由于大洋洋流的变化，位于太平洋东岸的印度尼西亚、澳大利亚北部一带，则雨量减少，出现干旱现象。

另外，在地球绕太阳公转轨道方面，也存在不少的变化。这种变化，对太阳热量在地球表面的分布也有重要的影响，从而引起各地气候的变化。我们知道，地球绕日公转的轨道是一个椭圆。太阳位于椭圆的一个焦点。这个椭圆的形状会发生变化。有时候，它接近正圆；有时候，它变得比较扁。这种变化，会造成南北半球冬夏温差分别发生变化。这种变化的周期，大约为9.6万年。另一个变化，是地球绕日公转轨道平面与地球赤道平面的交角（黄赤交角）发生变化。它的变化幅度在24.24°至22.1°。这种变化，会使高低纬度地区的热量分配发生变化。当黄赤交角增大时，极地地区获得的太阳热量会增加，而赤道地区获得的太阳热量有所减少。这个变化周期大约为4万年。还有一个变化，是地球处于近日点和远日点的时间的变化。什么是近日点和远日点呢？我们知道，当地球在椭圆形轨道上绕日公转时，地球与太阳的距离在不断地变化。地球离太阳最近的一点叫做近日点，最远的一点叫做远日点。现在，当北半球冬季时，地球处于近日点附近的位置。然而大约在1万年以前，北半球的冬季则处于远日点的附近，故那时候，北半球冬季比现在要冷。地球处于近日点（或远日点）的时间，大约为70年推迟一天，所以这种变化的周期大约为2.1万年。上述因素不是单独地起作用，而是叠加在一起共同起作用，这样，造成相当复杂的太阳热量在地表分布的变化。

还有其他一些因素，也会影响各地气候的变化。有人指出，太阳辐射的能量输出也会发生变化。这种变化造成地球获得太阳热量多少的变化，从而影响各地气温。另外，在火山爆发频繁的年份，大量的火山灰会进入大气层，使太阳辐射大量被反射和散射，削弱了到达地面的太阳辐射，使气温降低。当前，最受人重视的是人类活动对气候变化的影响。由于工业生产排放大量的二氧化碳，森林遭受破坏又使其吸收二氧化碳的能力减弱，致使大气中二氧化碳浓度渐增。二氧化碳对大气保温作用明显，会造成气温升高。

由此可见，影响气候变化的因素很多，而且不少因素相互结合，共同起作用，使气候变化显得十分复杂。

自然山水

苏杭山水藏谜团

俗话说："上有天堂，下有苏杭。"苏州和杭州一带山清水秀，风光旖旎。但是，在这些青山绿水之中，有不少现象是人们不太清楚的。例如，杭州的飞来峰就使人感到迷惑不解。

飞来峰位于杭州西北部，著名古刹灵隐寺就在它的山麓旁。飞来峰共有造像300多尊，其中弥勒佛形态安详，神态飘逸，体现了我国宋代雕塑作品技法精湛的特点，是一著名的艺术杰作。飞来峰造像是我国古代造像中元代造像最多最集中的一处，在我国石窟艺术宝库中具有独特的地位。

飞来峰与其周围挺拔高峻的天马山、美人峰、北高峰相比，显得矮小。令人惊奇的是，飞来峰是石灰岩，但其外围是一种砂泥质岩石，两者属于两种不同的岩石。因此，人们在想，飞来峰是怎么形成的呢？

相传东晋咸和元年（326年），印度高僧慧理云游至此，看到这里古木、怪石、奇洞、碧水，惊叹曰："此乃中天竺国灵鹫山之小岭，不知何年飞来？"他在此地住下建寺，取名"灵隐寺"。并把寺前小丘叫做"飞来峰"。

飞来峰真的是飞来的吗？

我们先来看一下飞来峰所处的地形。飞来峰长约800米，宽约400米。向东北为一扇状地，而在其他方向则为诸多山峦环绕。飞来峰与这些山岭之间有沟谷和坡地。这些沟谷和坡地为石炭纪早期的砂泥质岩石。而飞来峰则是石炭纪中晚期的石灰岩，可见，飞来峰的构成岩石比它周围岩石要年轻。在沟谷和坡地外围的山岭则是由泥盆纪的石英砂岩构成。因此，从岩石形成早晚关系来看，从飞来峰向外，岩石形成时间越来越早。地质专家再根据飞来峰岩层向中间下凹的特点，判断出整个飞来峰是一个向斜构造，即褶曲构造中岩层向下凹曲的部分。

那么飞来峰为什么成为小丘，而其周围山峦又比飞来峰高得多呢？原来，飞来峰周围山峦由石英砂岩构成，抗风化侵蚀能力相对较强，因此它海拔较高。飞来峰与周围山峦之间的沟谷和坡地是砂泥质岩石，其岩性松软，易被风化侵蚀，因此形成海拔相对较低的沟谷和坡地。形成飞来峰的石灰岩抗风化侵蚀能力介于上述两者之间，故形成了小丘。

因此，据一些专家的意见，飞来峰并不是从别处飞来，而是一种向斜现象，因向斜中心岩石与周围岩石岩性不同，从而形成差异性侵蚀的结果。

苏杭山水另一个不解之谜是太湖的成因。

太湖是我国著名的大湖之一，水面面积为 2420 平方千米。临湖远望，只见烟波浩渺，远处水天相连。但太湖是一个浅水湖泊，平均水深仅 2.1 米，最深处为 4.8 米。多年以来，不少科学家一直在探索太湖的成因。

较长时间以来，人们一直认为太湖的所在地原先是浅海水域。后来这一片水域被沙嘴、沙坝等所封闭，逐渐形成湖泊。

在 20 世纪 80 年代，南京地理所湖泊研究室对太湖进行了湖底地层测定，结果是太湖湖底没有发现一般浅海所具有的淤泥，也没有在湖底地层中找到海相生物的化石。而测定却表明，太湖湖底大多是 2～4 米厚的黄土层。而且，在东太湖水下还发现了距今六七千年以前的瓦片、绢片、稻谷等物。这一切表明，在六七千年之前，太湖所在地还居住着人类。因此，南京地理所孙顺才、伍贻范等专家认为，太湖原来是冲积平原上的河道和洼地，后因宣泄不畅才积水成湖的。

1990 年有报道，南京大学大地海洋科学系傅成义用一系列证据表明，太湖是由陨石撞击而成的。他的证据是，在太湖内的岛上和太湖四周发现有陨石撞击地球后出现的击变岩。更有力的证据是，太湖底部基岩面上有大量的宇宙尘和熔融玻璃。太湖西南岸线呈圆弧形，也像陨石从东北方向撞击地面而留下的痕迹。其他一些专家也在太湖考察中发现了陨石撞击太湖的证据。南京大学地球科学系王尔康在太湖泽山岛发现了泥盆纪五通组石英岩受冲击变质的证据，提出太湖是由彗星爆炸撞击地面而形成的。但也有人对此提出疑问。他们认为，若是陨石撞击地面，从太湖面积看，这陨石应该相当大。但撞击后的陨石坑却这么浅，这与质量巨大的陨石撞击地面理应形成较深陨石坑的情况不相符合。即使陨石进入大气层后发生爆炸裂成一些碎片，那么也应在太湖底找到一些较深的小坑，但实际上太湖水相当浅，不存在这种较深的小坑。

太湖究竟是怎么形成的，至今人们还有不同的看法。今后随着研究的深入，人们最终一定能够解开太湖成因之谜。

苏杭山水中还蕴藏着其他一些谜团，它们正等待着人们潜心研究，逐一解开。

为什么"桂林山水甲天下"?

桂林以其绮丽多彩的山水吸引着无数中外游客。这里许多山峰拔地而起，姿态万千，山间树木青翠，碧水环绕。人们泛舟漫游，穿梭于绿水青山之间，享受着这恬美秀丽的景色，感叹大自然造就了如此山清水秀的地方。桂林还有许多大小岩洞，洞内幽深曲折，奇幻迷离。自古以来，就有"桂林山水甲天下"之说。

为什么桂林景色如此秀美呢？

桂林一带石灰岩分布很广。这一带气候比较湿热，溶于水中的碳酸对石灰岩有溶蚀作用。这些水有时沿地表沟谷平流，有时随岩石中裂隙下渗，从而形成各种溶沟、石芽、峰丛、峰林、洞穴等地上和地下石灰岩地貌。在溶洞里，含二氧化碳较多的水从岩石裂隙出露到洞顶时，水滴失去一部分二氧化碳而处于过饱和状态，于是有碳酸钙残留下来，并随水不断下滴，碳酸钙不断往下延伸而形成细长的石钟乳。当水滴从石钟乳滴落至洞底时，同样道理会在洞底产生碳酸钙堆积，形成锥状的堆积物，叫做石笋。若石钟乳和石笋不断增大，相互对接，便形成石柱。一些地方地下水量很大，形成地下河，所以在一些溶洞中，可以坐船游览。

广西属于南亚热带湿润地区，多雨的环境一方面促进植物生长，使生物成因的二氧化碳增加，植物根系还分泌出有机酸渗入水中；另一方面多雨的气候使水循环加快，加上气温较高也使化学反应较快，所以广西比处于暖温带的河北溶蚀量大 6～10 倍，气候因素也促进桂林石灰岩地貌的发育。

我国西南地区石灰岩广布，气候又比较湿热，因此，不少地方均有一些

桂林山水甲天下

石灰岩地形的分布。例如，云南路南的石林便是一种颇为奇特的石灰岩地形。这里奇峰众多，有的如玉笋丛生，有的如刀剑插地，更有一些石柱、石锥一一排成队，宛如雕塑而成一队军士。奇峰怪石重重叠叠，人行其中犹如穿梭在石头组成的"森林"中一般。这是千万年来，富含二氧化碳的流水对裂隙众多的石灰岩不断溶蚀的结果。

在四川省南部边缘的兴文县，广泛分布大大小小的溶洞，面积在一万平方米以上的溶洞就有二十多个。洞内弯曲幽深，洞中有洞。有些地方有几个足球场大小，有的地方只容一人侧身而过。一排排的钟乳石从洞顶垂挂下来，敲打它们几下，则会发出清幽的声响，给寂静的山洞带来几分生机。这些地下洞穴，也是地下流水多少年来不断溶蚀的"杰作"。

据报道，人们发现在云贵高原东坡的广西乐业有世界罕见的天坑群，这里天坑有17座之多，且类型多样。其中一座叫做"大石围"的天坑深达613米，坑口南北长420米，东西长约600米，容积约有0.8亿立方米。天坑四周峭壁陡立，科学考察队员身系绳索，小心翼翼沿峭壁下探。现已初步探明，大石围天坑底部有大面积的原始森林，面积达十几万平方米。这原始森林内植物种类繁多，而且大多与坑外植物不同，其中有一种植物叫做桫椤，属我国一级保护植物，被称为恐龙时代的活化石。坑内还发现了一种人们以前从未见过的蕨类植物，更是十分珍贵。大石围底部连着地下暗河，河里有鱼。因坑底终年黑暗，这些鱼的视觉器官已退化，成了盲鱼。

这巨大的天坑是怎么形成的呢？乐业位于石灰岩地区。这里石灰岩分布广，厚度也大。受含有二氧化碳的水的不断溶蚀，这些地区形成不少溶洞。随着溶蚀的不断进行，这些溶洞顶部越来越薄，最后，溶洞顶部坍塌，从而形成了这些天坑。专家推测，乐业天坑群形成于大约300万～400万年之前。

由此可见，大自然是世界上最伟大的雕塑师，早在人类历史以前，大自然就一直不停地对地上和地下进行着雕塑。今天我们见到的千奇百怪的山峰、石林、溶洞等，正是大自然向我们展示的它的"杰作"。

为什么会形成长江三峡？

　　长江三峡西起重庆奉节的白帝城，东至湖北宜昌的南津关，全长 190 多千米。长江三峡是瞿塘峡、巫峡和西陵峡的总称。三峡两岸悬崖壁立，江中水流湍急，一路上奇峰众多，两岸名胜古迹不断，是自然和人文景点集中之地，三峡有"天下奇景"之称。

　　瞿塘峡从白帝城到大溪镇，是三峡西段的第一峡，全长约 8 千米，以雄奇险峻著称。瞿塘峡峡口两岸是 1300 多米高的陡峻山体，江水在山间穿过，形势险要。此峡门叫做夔门，以雄伟陡峭而著称。此处江面最窄处不足百米，急流奔腾而下，景色十分壮丽。瞿塘峡两岸多名胜古迹。白帝城位于瞿塘峡

瞿塘峡

巫峡

口北岸，地势十分险要，历来为兵家必争之地。白帝庙正殿叫做明良殿，气势雄伟，内有刘备、关羽、张飞、诸葛亮像和刘备托孤的彩塑群像。明良殿右有武侯祠。武侯祠对面为观星亭，相传诸葛亮曾在此观星象。三峡水库蓄水后，水位升高至半山腰，白帝城四面环水，更显其湖光山色之美。

巫峡从重庆巫山县大宁河口至湖北巴东县官渡口，全长约40千米。巫峡以幽深秀丽为特色。这里两岸群峰对峙，江水逶迤曲折，不时有云雾飘来，更添几分神秘气氛。神女峰挺拔秀丽，宛如美丽少女亭亭玉立，令人遐想无限。岸上古树被青藤缠绕，清泉飞瀑时现。船行其间，忽见前有大山挡道，

西陵峡

似有断江之势；再向前驶船，则见两山如门移开，给人以"山合江断疑无路，峡开水来又一峰"之感。巫山十二峰高耸挺拔，如神女峰从水面至峰顶有 860 米左右，蓄水后水位上升 80～100 米，神女峰仍高出水面 700 多米，神女仍屹立江边，远望滚滚江水，迎送千百舟帆。

西陵峡西起秭归的香溪口，东至宜昌的南津关，全长约 70 千米，以滩多水急为特色。建国以前，三峡船夫每经此，险象环生，一不小心就会船沉江底。建国后，此航道经多年治理，再加上葛洲坝水库蓄水后水位上升，使险滩沉入江底，可安全航行。西陵峡自然、人文景观甚多。秭归是屈原的故乡，相传屈原投江后，其姐将弟弟遗体打捞起来后护送回家乡，众乡亲为之感动，改县名"姊归"，后又改变为"秭归"。屈原是我国伟大诗人之一，一生写了不少辉煌的辞赋，包括著名的《离骚》《九歌》《九章》等，久为世人传颂。在秭归县城归州镇以东 1.5 千米处有屈原祠，祠内有 4 米高的屈原铜像，屈原峨冠博带，腰佩长剑，甚为潇洒。屈原祠周围是一大片橘树林，营造了屈原诗歌《橘颂》中的意境。黄牛峡是西陵峡中名峡之一。黄牛峡两岸山势高耸，为典型的震旦纪断层。这种断层岩石十分古老。在黄牛峡南岸有著名的黄陵庙。黄陵庙建于春秋时期，当初叫做"黄牛祠"，以纪念黄牛助禹王开山之功。

后至三国时期，诸葛亮率军入蜀重修此庙。到了宋代，欧阳修至此改"黄牛祠"为"黄陵庙"。黄陵庙的主要建筑为禹王殿，供奉禹王。几千年以来，许多文人墨客到过黄陵庙，留下诗文众多，如宋代苏东坡曾在此赋诗《黄牛庙》。三峡水库建成后，西陵峡西段因水位升高而使峡感有所减弱，其东段则位于大坝下游，不受工程影响。

长江三峡为什么会形成两岸峭壁危崖林立，中间江水急流奔腾之景象呢？据科学家考察研究，这一地区的山体长期处于上升阶段，而长江在此河段却控制了三峡以上的大约100万平方千米流域面积的来水，水量十分丰富。源源不断的长江水长年累月冲激、深切其下坚硬的岩石，从而形成这险峻的峡谷。

三峡是著名的峡谷。有人可能会问，有没有比三峡更雄伟的峡谷？世界上最大的峡谷在什么地方？

说到世界知名的大峡谷，不少人首先想到的是美国西部的科罗拉多大峡谷。科罗拉多大峡谷由科罗拉多河切割高原而成，峡谷长370千米，最深处达2133米，曾被认为是世界上最大的峡谷。

然而，我国科学工作者通过对雅鲁藏布江大峡谷的考察，发现雅鲁藏布江大峡谷深度十分大，远远超过科罗拉多大峡谷。雅鲁藏布江围绕海拔7782米的南迦巴瓦峰作了一个大拐弯。这里，山岩呈"V"字形，江面坡降最大处达到7.5%，汹涌的河水咆哮着奔腾在这谷底河道中。从空中向下看，两岸雄峰对峙，江水绕山奔流，形成世界上独一无二的奇特景象。雅鲁藏布江大峡谷长达504.6千米，平均深度为2268米，最深达6009米。大峡谷江面宽度从入口处660米，逐渐收窄到最窄处仅为35米。无疑，雅鲁藏布江大峡谷在世界各大峡谷中，深度最大，长度也最大，是世界上最大的峡谷。雅鲁藏布江大峡谷所在之处地壳上升运动十分强烈，形成高大山脉，雅鲁藏布江水量大，水流急，河水深切河谷，形成了世界上最大的峡谷。

雅鲁藏布江大峡谷一带自然景观奇特。河谷地带是热带季雨林，山顶则是冰雪覆盖，从低到高，垂直自然带发育完整。这里生物种类也特别丰富，据统计，这里具有西藏60%～70%的生物资源。这里有世界上其他地方已经绝迹的珍贵生物，是名副其实的植物王国。

雅鲁藏布江大峡谷

　　雅鲁藏布江大峡谷河段是我国水能资源最丰富的河段之一。这里河流落差巨大，水量丰富，蕴藏着极其丰富的水能。仅从西兴拉到帕隆藏布汇口20余千米的河段，水能蕴藏量便达到3800万千瓦，超过两个三峡水电站的装机容量。今后水能资源开发的前景十分诱人！

　　雅鲁藏布江大峡谷山高谷深，峡谷两岸林木苍翠，山顶白雪皑皑，自然风光雄伟而又不失秀丽。它对于科学探险考察者、热爱大自然奇异风光的旅游者，具有十分强大的吸引力。大峡谷地区生活着勤劳勇敢的藏族、门巴族、珞巴族同胞。当地居民独特的民族风情加上这世上独一无二的壮丽景色，使这个地区今后有望成为一个新的旅游热点。

华山何以如此险峻？

华山是矗立在华山山脉脊岭北坡上的一座孤立柱形山体。从峰顶到两侧谷地，高差大且十分陡峭，花岗岩岩壁裸露光滑，无法开路。因此，自古以来，登华山只有一条路可走。这一路上惊险万分，胆小者是不敢攀登的。如"千尺幢"是笔直如云梯似的孔道，犹如身在深井中向上攀登。又如，"百尺峡"两侧无崖壁，让人空惚无依，只能紧贴着陡立的石级上攀。站在北峰南望，只见群峰插天，云雾缭绕。南峰是华山的最高峰，登高远眺，四处群峰皆矮，山峦起伏，大地莽莽苍苍。西峰最为壮观，西侧的"舍身崖"上接蓝天，下临绝壑，令人毛骨悚然。北宋政治家寇准登临华山，作诗曰："抬头红日近，俯首白云低。"

华山为什么如此险峻呢？

大约在1.2亿年之前，华山地区地壳发生强烈活动，华山山脉地区持续上升，而华山山脉北侧的渭河地带却向下坳陷，从而形成大断层。在此同时，还出现了一些与东西向断层斜交的断层，从而形成多个断块。这些断块还相互上升或下降，加上日晒、雨淋，大自然的各种力量综合起来塑造了雄伟险峻的华山。

如此陡峭的山崖使人无法攀登，所以自古以来，只有一条南北逶迤曲折、艰险崎岖的小道可供人攀登，可谓"自古华山一条路"。

如果不走这一条小道，还能不能上华山呢？在《智取华山》电影中，英勇的解放军战士克服无数困难险阻，成功地爬上这百丈峭壁，走出了上华山的第二条路。他们用绑上铁钩的竹竿钩住石缝中伸出的小树往上攀登，遇到深渊得用绳子拴在树上，人抓住绳子像荡秋千一样荡过去。当然，这些是一

华山绝壁

般游客难以尝试的。

随着华山知名度的提高，游华山的人数越来越多，"自古华山一条路"的状况造成游客上下山拥挤。为此，渭南地区决定另修"智取华山"登山路。"智取华山"登山路沿当年解放军战士智取华山险道修建，由黄甫峪瓦庙沟南侧到飞龙瀑布下，再沿瓦庙沟上段凿梯登上北峰。沿此路登山，还可比原登山路程缩短5.7千米。"智取华山"登山路线已于1994年修通，从此结束了"自古华山一条路"的历史。

华山属于岩体沿断裂层上升而形成的山，那么，倘若岩体沿断裂层下陷，则会形成谷地或湖泊。例如，世界上最深的湖泊——贝加尔湖，就是由于两个断层之间的岩体深深下陷而形成的。

贝加尔湖位于俄罗斯的亚洲部分，在东西伯利亚的南部，长600多千米，最宽处将近80千米，像一轮弯月镶嵌在绿树环抱的崇山峻岭之中。贝加尔湖平均水深730米，最大深度达到1620米。因此，贝加尔湖不仅深度居全球各湖之首，而且它也是全球蓄水量最大的淡水湖。有人推算，贝加尔湖之水可供全球人口饮用几十年。贝加尔湖湖水清澈，透明度达到40米。碧水在绿树环抱之中，景色也十分秀丽。更令人称奇的是，该湖生物种类繁多，还生活着海豹、海螺、龙虾等海洋生物。海豹数量较多，经常成群活动。这些海洋生物是怎样出现在贝加尔湖的，至今还是一个不解之谜。

我国也有一些由于断层陷落而形成的湖泊，如云南的滇池、阳宗海、抚仙湖等，这些湖泊深度较大，湖边常有陡崖。

在非洲东部，有世界著名的东非大裂谷，它是世界上最长的裂谷。裂谷底部比两侧的高原表面低几百米，分布着不少湖泊。如坦噶尼喀湖形态狭长，湖岸为悬崖峭壁，湖水波光粼粼。裂谷附近的高原上分布着众多火山。这一切，形成了非洲东部地区独特的自然风光。为什么会形成东非大裂谷呢？原来，这里的地壳活动强烈，出现了两条大致平行的大断层，断层中间的岩层向下陷落，故形成了这长达几千千米的巨大裂谷，有人把它叫做"地球的伤疤"。

地壳的断裂活动会造成陡峻的高山，也会形成深陷的谷地和湖泊。在这些地方，我们再一次见到了大自然鬼斧神工的巨大力量。

大自然如何造就奇峰怪石？

外出旅游的人，常常会见到一些奇峰怪石。这些奇峰怪石或像百岁老翁，或像清丽少女，或像雄鸡高歌，或像黄牛卧地，令游人称赞不已。人们要问，这些奇峰怪石是怎么形成的呢？

黄山有许多山峰，它们形态各异。梦笔峰如巨笔直插苍天，挺拔陡峭；美女峰则像少女亭亭玉立，妩媚动人；芙蓉峰宛如出水芙蓉，娇羞清丽；狮子峰像是卧地雄狮，威势赫然。黄山怪石更是千姿百态。有的如两仙翁捋须举棋对弈，惟妙惟肖，此景叫做"仙人对弈"。有的如一群活蹦乱跳的猴子，有欢呼雀跃的，也有举手遮眼的，此景叫做"猴子观海"。

黄山猴子观海

　　黄山之所以奇峰林立，首先与黄山花岗岩岩体多节理有关。节理是岩石常见的一种断裂构造，呈相互平行或相互交叉成"X"形。黄山下雨比较多，雨水渗进裂缝之中，遇气温下降到0℃以下，裂缝中的水会结冰，使体积增大，产生很大的力量使岩石断开。这样年复一年，岩石中裂缝越来越大，形成错列的形态。另外，黄山的主体为花岗岩。花岗岩的主要矿物是长石、石英和云母。由于不同矿物膨胀系数不同，故花岗岩体随着温度变化而产生各种矿物膨胀和收缩不一致，这样长久以后，花岗岩表层会逐步解体、剥落。若高温曝晒的岩石忽遇雨水淋洗便会产生胀裂，加上由于结冰而造成岩石裂开、流水对低凹处的侵蚀作用、植物根系对岩石的穿透作用等，使黄山表面变化速度大大加快，长年累月之后，逐渐形成了今日奇峰怪石形态万千的景象。

　　在干旱的荒漠地区，有时我们可以看到一种奇怪的岩石，它的外形很像一个大蘑菇，人们把它叫做蘑菇石。它上部大，基部小，形态很特别。

　　形成蘑菇石的主要原因是，离地面高度不同，风沙对岩石的磨蚀也不同。在离地面较高处，气流含沙量较少，风沙对岩石的磨蚀比较少，因此，岩石的上部形态就比较大。在离地面较近处，气流含沙量较多，对岩石的磨蚀就比较多，因此，岩石下部就被磨蚀较多而形成比较小的基部。另外，岩石本身的特点也对形成蘑菇石有一定的影响，若岩石水平成层，并且上部岩石比较硬而下部岩石比较软，则下部岩石比上部岩石更易受到风化和侵蚀，更易

风蚀蘑菇

于形成这种形似蘑菇的岩石。

在欧洲北部的一些地方，人们发现有一些奇怪的大石头，它们的岩性与当地的岩石完全不同。这些大石头是不是当地自然形成的呢？答案显然是否定的。因为当地没有这种岩性的基岩。那么，它们是不是从别处被搬运来的呢？后来，人们在离这些大石块很远的北部地区，发现了与石块岩性相同的基岩。看来，这些石块是长途跋涉而来。那么，是什么力量把它们搬运来的呢？流水不可能有这么大的力量。经过对地质时代气候的研究，人们终于破解了其中的奥秘。原来，在冰期，欧洲北部有大面积的冰川覆盖，是力量巨大的冰川把这些大石块运移了过来。随着气温升高，冰川融化，这些大石块就在原地留了下来。

形形色色的奇峰怪石都有自己形成的原因。流水、风力、冰川等这些大自然的力量，无时无刻地对地球表面进行着"雕刻"和"运输"，逐渐形成了今日千姿百态的地表形态。

湖泊是怎么形成的？

我们到野外去旅游，常看到不少形状不同、深浅各异的湖泊。它们有的独自静卧在崇山峻岭之中，有的则成串分布于谷地之内；有的湖岸平缓，有的湖岸峭壁陡立。我们要问，这些湖泊是怎么形成的呢？

有一种湖泊叫做火口湖。顾名思义，它是在死火山的火山口积水而形成的湖泊，如长白山脉白头山顶上的天池。这类湖泊大多呈圆形或椭圆形，面积不大，但深度较大。这是因为，火山停止喷发后，火山口常形成漏斗状的洼地，其直径为数十米至数千米不等，但内壁陡直，故湖水较深。

长白山天池

另一种湖泊叫做断层湖。它是因断层陷落形成低地，其上积水而形成的湖泊，如云南省的滇池、抚仙湖等。这类湖泊多呈条状，延伸方向与断层线一致，湖岸陡直，常保留有断层陡崖。这类湖泊往往较深，如贝加尔湖最深处达到1620米，为世界上最深的湖泊。

再有一类湖泊叫做冰川湖，即由冰川作用而形成的湖泊。它形状多样，湖岸曲折。我们知道，冰川具有巨大的侵蚀作用，它把许多碎石块与冰冻结在一起，向下刨蚀地表而形成洼地，或向下刨蚀原先的洼地而使之更深。这些洼地积水会形成湖泊，如著名的北美洲五大湖就主要由这种作用形成的。当冰川由于气温升高发生融化后，冰川所带的碎石块就地堆积下来，形成丘陵和洼地，这些洼地也会积水成湖。

还有一类湖泊发生在石灰岩地区，叫做岩溶湖。我们知道，含有二氧化碳的水对石灰岩有溶蚀作用，这种溶蚀作用会形成多种多样的地表形态，包括一些洼地，地下水的补给使这些洼地积水成湖。若一些溶洞由于长时间受侵蚀可能发生崩塌而形成深度可达100米以上的落水洞，若其积水亦可成湖。这一类湖泊由地下水补给，水量稳定。

在河曲不断发展的地区，当河流弯曲越来越大之后，上游来水可能冲破河堤而裁弯取直，废弃的河道则成为弯曲的、呈牛轭形的湖泊。在沿海地区，有一类湖泊是由于浅海的沙坝和沙嘴或珊瑚礁封闭或接近封闭而形成的，它们一般较浅。这类湖泊若长期与海隔离，在有地表淡水注入的情况下，可逐渐变成淡水湖，如著名的杭州西湖就是这样的一个湖泊。若河流受山崩、滑坡体、泥石流、熔岩流等阻塞也会形成湖泊，如黑龙江省的镜泊湖就是由于熔岩流阻塞河道而形成的。

人工筑坝蓄水而形成的湖泊叫做人工湖，也叫水库。

还有其他一些原因形成的湖泊。可见，湖泊形成的原因多种多样。只要我们了解湖泊所在地的地表形态发展变化过程，结合湖泊的形态、深度、湖岸特点等，我们是不难推断出各类湖泊的形成原因的。

火山奇观

　　1883 年，在印度尼西亚的一个岛屿上，发生了一次震惊世界的火山爆发，这就是喀拉喀托火山爆发。这一次爆发威力巨大，把岛屿炸掉 2/3，火山灰飞到 80 千米的高空，使整个天空变得一片昏暗。在 100 多千米以外的地方，人们也感觉到大地在不断地震动。更令人意想不到的是，这次火山爆发还引起了大海啸。海浪高达 40 米，海水铺天盖地向人们扑来，有 3 万人在海啸中丧生。

　　1980 年，美国西北部的圣海伦斯火山猛烈喷发，火山灰直冲 1 万多米的高空，大量降落在周边地区，使几百平方千米的森林和果园被毁，道路被堵，河水急剧升温，鱼类被活活烫死，损失惨重。

　　强烈的火山爆发会喷发出巨量的火山灰，能把附近的城市和村庄埋没。意大利的庞培古城就是一座被火山灰埋没的城市。1748 年，一位意大利农民在靠近维苏威火山南麓不足 2 千米的一个葡萄园挖土时，发现了一些石碑和石像。后来人们对这一地区进行 200 多年的陆续挖掘，使庞培古城 3/4 的面积重见天日，向世人展示了庞培古城的风貌和这座古城遭受火山喷发袭击时的情景。

　　公元 79 年 8 月 24 日，维苏威火山突然猛烈喷发。大量的火山灰突然从天而降，很快将庞培古城埋没。庞培城建于公元前 8 世纪，大约有 2 万多居民，是一个繁荣的小城市。该城有长约 3 千米的城墙围绕，纵横两条大街把城市分为 9 个地区，每个地区均有一些街巷。街石上的两条车辙痕迹，表明当时街上车辆不少。在十字路口有公共水槽，居民用水槽从城外引山泉水入城，一些富贵人家还用此作为喷泉、水池用水。庞培人还把水加热后导入澡堂。

庞培古城遗址

城西南有一个广场，广场边有高达三四丈的石柱，还有大理石门框，可见这些建筑物的高大和气派。三处公共澡堂为石墙和拱形房顶，其上刻有雕像。私人住宅有餐厅、卧室、厅堂、花园等，房内有精美壁画，花园里则有不少人、兽等雕刻品。庞培古城多羊毛纺织印染作坊，依次可看出洗毛、纺线、织布、印染等工序，此外还有面包作坊、榨油作坊等。更为难得的是，人们还发掘出商人的账本、借债人的借据、放高利贷者的放债记录本、政府布告等文字材料，这些，均向人们展示当时庞培社会生活的不同层面。另外，还有不少工具、钱币、首饰、武器、衣服、用品之类被挖掘出来。

人们已发掘出2000多具人的尸骨和不少牲畜骨架。根据这些骨架形状，可以看出当初火山爆发时人畜惊恐万状的情况。有人蹲地掩鼻而亡，有人趴在地上痛苦挣扎着告别人世，有人头顶枕头在街上狂奔死在路上，也有人手持钥匙，正想打开房门抢救财物突然被火山灰埋没而亡。一只狗脖子被链子拴住，急得拼命挣扎，呈后腿着地、前腿腾空而起之状。庞培古城突然被巨量的火山灰埋没，这使得庞培城的建筑、物品、人和牲畜等得以完好的保存，这为今人根据这些遗迹恢复古城的原貌、研究古罗马社会和历史提供了十分珍贵的第一手资料，也向世界各地游人展示了古罗马社会生活的生动画面，具有巨大的研究和旅游价值。

我国历史上也有过火山爆发，如《宁古塔记略》一书对黑龙江省五大连池火山爆发作了如下记载："于康熙五十九年六七月间，水荡周围三十里，忽烟火冲天，其声如雷，昼夜不绝，声闻五六十里，其飞出者皆墨石、硫黄之类，经年不断，热气逼人三十余里……"1951年5月27日，我国新疆昆仑山克里雅河附近也有火山爆发。

为什么会形成火山爆发呢？

我们知道，地球内部由多个圈层组成，其最外的一层叫做地壳，由固体的岩石组成，平均厚度为33千米。地壳之下为地幔层，分为上地幔和下地幔。在上地幔50～250千米范围，由于放射性元素大量集中，蜕变生热，局部呈熔融状态，叫做软流层。一般认为，岩浆的发源地就在此层。当高温高压的岩浆顺着地壳构造裂隙喷出地表时，便形成了火山喷发。由于大部分火山喷出物在火山口附近堆积起来，故火山往往呈圆锥形态。

火山爆发给人类带来了巨大灾难。但是，火山灰弥漫在空中，对太阳光有一定阻挡作用，有利于降低地表的气温。火山的喷出物含有氮、钾等成分，对农作物生长有利。火山附近常有温泉分布，且温泉水中含有硫黄等有益成分，有医疗保健作用。

奇湖拾趣

　　位于西亚地区的死海，是一个神奇的湖泊。在这个湖泊中，人们可以平躺在湖面上，或闭目养神，或捧书阅读，而不用担心沉入水中。即使不会游泳的人，也可以放心地浮在水面上。据说在古代，罗马远征军来到此地，把抓到的俘虏投入死海，结果俘虏没有被淹死，而是浮在水面上漂了回来。罗马远征军再一次把俘虏投入死海，结果俘虏仍然活着回来。这个现象让人大惑不解，死海隐藏着什么秘密能让人浮起来呢？原来，死海的水十分特别，它含有大量的矿物质，结果造成湖水的比重超过了人体的比重。若人被湖水浸没，那么人体所受的浮力比自身受到的重力还要大，于是人体就上浮，直到人体一部分浮出水面，使浮力与重力得到平衡为止。死海湖水中的矿物质

死海

还对多种疾病有治疗作用，因此，每年都有大量游客来此疗养治病。死海还是世界上湖面最低的湖泊，它的湖面比海平面足足低了 400 米。

我国柴达木盆地有许多盐湖。这里的湖面大多有厚厚的盐层。最厚处甚至可以在盐层上开汽车。这些汽车源源不断地把盐湖的盐输送到其他地方。柴达木盆地各种盐类的总储量达到 570 亿吨。若把这些盐供全世界人食用，可以吃上好几千年。在一些地方，盐还结晶成各种不同的形态，有冰凌状的盐，也有圆珠状的盐。有的盐透明如水晶，可以用来雕刻成各种工艺品；也有的盐由于含有一些别的成分，呈蓝色、黄色或粉红色，五彩缤纷，十分好看。这里的盐多种多样，除了钠盐之外，还有钾盐、镁盐等，一些盐中还含有硼、锂、碘、溴等，可以综合利用。

我国吐鲁番盆地中的艾丁湖，又是另一种景色。这里有的年份湖面水波荡漾，有的年份湖水因为全部干涸而露出湖底。1958 年，艾丁湖的湖面面积有 22 平方千米；1962 年，该湖则全部干涸；1973 年，艾丁湖又恢复积水，湖面增至 29 平方千米；1984 年，该湖又没了积水；到了 1993 年，湖底因长期露天而变硬，上面可以行驶汽车；据 1999 年再对湖面的测定，该湖又有较多积水，水面面积达到 75 平方千米。为什么艾丁湖会时而积水，时而干涸，面积变化不定呢？这与天山冰雪融水多少有关，也与当地居民引河水灌溉用水多少有关。自 20 世纪 90 年代中期以来，由于全球变暖趋势明显，使高山冰雪融水增加，这样，河水水量增加了，地下水补给量也增加了，最终使补给湖泊的水也增加了。加上此时吐鲁番地区大力加强用水管理，节约了用水。这样，湖泊的积水不仅得以恢复，而且面积有所扩大。

中美洲特立尼达和多巴哥共和国境内有一个神奇的湖。它的湖盆中积蓄的不是水，而是一层厚厚的沥青。更令人奇怪的是，人们每年从湖中开采出 10 万吨上下的沥青，这样一直开采了好多年，但这个湖的湖面仍然没有下降。这是什么原因呢？对此，人们至今还不十分清楚。有人认为，这里原来是一个火山口，当火山爆发快要结束的时候，地层中的石油、煤气等一起涌出，逐渐凝结而形成了沥青层。又由于人们开采了一些沥青之后，地下又有石油和煤气继续涌出，致使湖面不显得下降。

　　在南美洲的委内瑞拉，有一个面积相当大的湖，叫做马拉开波湖。奇怪的是，这个湖的湖面上竟覆盖着一层厚厚的油液。这又是怎么回事呢？原来，马拉开波湖的湖底下埋藏着十分丰富的石油资源，储量达到 48 亿吨。地下丰富的石油会通过湖底地层的裂隙渗漏出来，结果形成了湖面油液。现在，委内瑞拉通过开发湖底的石油资源，已成为世界著名产油大国之一。2000 年，委内瑞拉生产了 1.45 亿吨原油，产量居世界第 8 位。

　　在太平洋夏威夷群岛上有一座基拉韦厄火山。在火山口，经常不断地有炽热的岩浆在翻滚，远远望去，景象十分壮观，令人生畏。这些岩浆奔流，形成基拉韦厄湖。晚上，该湖更是火光四射，使昏黑的山野增添了几分神秘的气氛。这就是人们难得一见的熔岩湖。据说湖中的岩浆温度很高，超过 1000℃。为什么会形成熔岩湖呢？原来，这里火山活动强烈，地下高温的岩浆不断上涌，使熔岩湖长期处于炽热的状态。有时候，岩浆还会从湖口溢出，形成可怕的熔岩流。岩浆滚滚而下，热气逼人，更是一种令人惊异、惧怕的景象。

　　世界上有各种各样奇怪的湖泊。在它们的背后，隐藏着各种不同的原因，值得人们去发现，去探索。

玄妙的泉水

你见过泉水吗？在山麓一带，我们有时会发现一股清水从岩石的裂隙中不断涌出，实际上，这就是地下水的天然露头，叫做泉。那么，这些清澈的泉水来自何方？它们为什么会源源不断地涌出呢？在回答此问题之前，我们先来看看各地形形色色的泉。

在杭州，有一著名的泉，叫做虎跑泉。相传杭州一带曾连年大旱。为使广大老百姓能够早日摆脱旱灾的折磨，有两兄弟化成两只虎在地上拼命刨坑，最后，一股清泉从坑底涌出。老百姓欢欣万分，然而这两只虎却悄然离去。人们为感激此二虎，便把此泉叫做虎跑泉。该泉水清甜可口，四季不断。用此水泡龙井茶，茶水清香诱人，故有"龙井茶叶虎跑泉"一说。

济南有"泉城"之称。据记载，历史上济南城里有一百多处天然涌泉，其中最著名的叫做趵突泉。此泉水量大，水质好，泉水上涌犹如波涛翻滚。据《水经注》记载，此泉"突起雪涛数尺，声如隐雷"。有人经观测后认为，趵突泉每昼夜大约涌出 15 万立方米的清澈泉水。

在广州北面有一著名的温泉，叫做从化温泉。温泉四面群山环抱，层峦叠翠，空气清新，环境幽美而宁静。该泉水中有钙、镁、钠等成分，对人体健康有益。从化温泉也因此而远近闻名。

在西安附近的骊山脚下，有另一知名度很高的温泉，叫做"华清池"。相传远在西周时期，周幽王在此地建了宫殿，叫做骊宫。后来，该宫殿经多个朝代的续建。在唐玄宗天宝六载，此宫殿再经扩建，并改名为"华清宫"。宫殿下的温泉，也就被称为"华清池"了。此泉水每小时流量达到 25 吨，水

趵突泉

温一直保持在 43℃左右，水中含有多种对人体有益的矿物质，对人有良好的疗养作用。相传这里的贵妃池曾经是杨贵妃沐浴的地方，诗人白居易在《长恨歌》中有脍炙人口的诗句：“春寒赐浴华清池，温泉水滑洗凝脂。”现在，“华清池”三字为著名学者郭沫若先生所题，苍劲有力，飘逸洒脱，更显示该池之不凡。

黄山的“四绝”，为石、松、云、泉。为什么说黄山的泉为“四绝”之一呢？黄山的泉水又有何妙处呢？原来，黄山温泉不仅水温常年稳定在 42℃左右，且泉水终年不断，天气久旱也不干涸。更有奇者，在温泉边上，还有天然寒泉一股。它冬涸而夏盈，盛暑时，泉水清冽，用此水洗脸，令人神清气爽。隔若干年，此泉水色会变红，令人称奇，有诗曰：“朱砂常饮愁能化，浴过灵泉骨自香。”

据报道，辽宁本溪某地有一奇特的“间歇泉”，泉水每隔 7 分钟喷发一次，水柱直冲半空。喷发之后，泉水又渗入地下。有人估算，该泉每天喷出的水量有 120 吨之多。

日本是一个多火山和地震的国家，也是一个多温泉的国家。温泉水中常含有多种矿物质，它们对好多种疾病有治疗作用，因此，去温泉疗养成为许多日本人外出旅游的一项重要内容，他们希望通过洗温泉澡来治愈疾病。日本人还喜欢用温泉水煮鸡蛋吃，有人开玩笑说："吃一个用温泉水煮的鸡蛋，可以多活 7 年。"

冰岛的首都叫做雷克雅未克，是世界上有名的"无烟城市"。为什么把它叫做"无烟城市"呢？因为，冰岛有许多地热温泉。为利用这些源源不断的泉水，冰岛人在市内建起了多个热水站，铺设了几百千米长的热水管道，把热水和暖气送到工厂和居民家中。因此，在雷克雅未克，人们看不到冒黑烟的烟囱，整个城市也因而显得十分干净。这里，天空蔚蓝，空气清新。市中心有一个美丽的湖泊，成群的野鸭在水面上悠闲地游来游去，好一派恬静优美的景色。

那么，这些形形色色的泉到底是怎样形成的呢？

我们知道，地下的岩石常常是成层分布的。有的岩层是透水的，有的则不然。于是，地表水在某地渗入地下之后，形成了地下水，它存在于透水层中，并会从高处向低处运动。在山麓地带，地下水会出露而成为泉。有时候，透水层位于两个不透水层之间，地下水在透水层中往往会受到较大的压力，当它沿岩层裂隙涌出地表时，会涌动着喷出地表，这便形成了泉。在火山地区，地底下的岩石往往温度较高。当地下水流经这种岩石时，会被加热，露出地表后，就成了水温较高的温泉。地下水长时间与地下岩石相接触，岩石中的一些物质会进入水中，故水中往往会有比较多的矿物质。这种泉水往往是理想的沐浴用水，其中有些洁净的，还可以制成口感好、保健作用强的优质饮用矿泉水。

瀑布是怎么形成的？

瀑布是指从河流岩坎上倾泻而下的水流。大瀑布水量巨大，气势磅礴，吸引众多游人前去观赏。世界上有一些著名的大瀑布，它们是宝贵的旅游资源。

在非洲赞比西河的上游，有一世界著名的大瀑布，叫做莫西奥图尼亚瀑布。其落差超过 100 米，宽度达到 1800 米。河水咆哮着从峭壁落下，方圆几十里都能听到这水涛的声响。河水汹涌奔流而下，激起浓密的水雾，远远看去犹如白云飘荡，有时人们只能看到茫茫的水雾而无法见到瀑布的真面目。"莫西奥图尼亚"在当地居民的语言中就是"水烟"的意思。赞比西河流经热带草原气候区，当地干湿季分明。在湿季，河流水量大增，流经瀑布的河水可达到每秒 8000 立方米的流量，更是一派气势磅礴、雷霆万钧的景象。到了干季，河流水量大减，瀑布因水量小而被岩石隔成一些小瀑布。因此，要领略莫西奥图尼亚瀑布雄伟壮观的景象，游客应在每年的 11 月至次年的 4 月期间去该处，因为这一段时间是位于南半球的该处的湿季，河流水量大。

在美国和加拿大两国交界处，又有一个世界著名的大瀑布，叫做尼亚加拉瀑布。这个瀑布离美国和加拿大人口稠密的地区不远，因此它吸引众多游客，是吸引游客最多的一个大瀑布。这瀑布被一小岛分成两部分。在美国部分，瀑布宽 305 米，落差 51 米。在加拿大部分，瀑布宽 793 米，落差 49 米，95%的河水流经此处奔腾而下。这瀑布水量大而稳定，全年平均流经水量达每秒 6740 立方米，比莫西奥图尼亚瀑布要大得多。汹涌的河水从 50 米左右的空中奔流而下，发出巨雷般的轰鸣，使观赏瀑布的游客无不为这大自然巨大的力量而折服。古代印第安人把这瀑布叫做"尼亚加拉"，意思是"雷神之水"。

若要说世界上落差最大的瀑布，那我们又把目光转向南美洲。在南美洲委内瑞拉有一个叫做安赫尔的瀑布，它的落差竟达 979 米，无疑是世界上落差最大的瀑布。如果说"飞流直下三千尺"是一种夸张的说法，那么对安赫尔瀑布而言，这样说倒是相当贴切的。安赫尔瀑布位于崇山峻岭之中，人们很难到达瀑布所在地。有人乘坐飞机前往，见到安赫尔瀑布犹如一条银链从天空直挂下来直到深渊。尽管安赫尔瀑布水量不大，看起来并不壮观，但巨大的落差使它名声大振。

南美洲还有一个叫做伊瓜苏的瀑布，它位于伊瓜苏河上。这个瀑布有4000 米宽，是世界上最宽的瀑布。这个瀑布的宽度约相当于尼亚加拉瀑布的4 倍。滚滚河水奔腾而下，直落到深渊。激流撞击在岩石上，震耳欲聋，此乃世界又一奇观矣。

我国也有一些规模较大的瀑布。黄果树瀑布位于我国贵州省西南部，宽约 20 米，从 57 米高的悬崖上直泻至一个大水潭中，蔚为壮观。我国广西与越南边界线上的德天瀑布规模更大，它宽 120 米，与越南境内的板约瀑布相连，全宽达到 208 米。瀑布垂直高度有 60 米，分三级飞泻而下。其年平均水量大约是黄果树瀑布的 3 倍。

自然界为什么会形成这些气势雄伟、轰鸣而下的诸多瀑布呢？

尼亚加拉大瀑布（王元崇　摄）

黄果树瀑布

　　一些河流的岩层是上层较坚硬，下层较松软。当水流冲泻下来时，水流比较容易把下层松软的岩层侵蚀掉，于是，瀑布流经的崖壁会变得更陡。一定时间之后，上层较硬的岩层因缺乏下层岩层的支撑，会崩落下来，于是，瀑布向上游方向前进了一段距离，使瀑布的高度有所增加。这样，经过漫长的地质年代，小瀑布会逐渐发育成大瀑布。另外，大片山体发生崩落会形成陡崖，断层也往往形成悬崖峭壁，它们都可能形成瀑布。在有火山爆发的地区，熔岩流会阻塞水道，形成峭立的石壁，也可能形成瀑布。

揭开冰川神秘的面纱

据说有一牧羊人在一条冰川边小憩，他随手把已戴破的帽子扔在冰川上，就离开了。几个月以后，这位牧羊人又回到了老地方，这时候，他惊奇地发现被他扔掉的那顶破帽子已不在原处，而是在下游方向，离原处有一段距离。此时，这位牧羊人才意识到眼前这巨大的白色冰体不是停滞不动的，而是以很缓慢的速度向下移动。也就是说，冰川移动得很慢，以至于长期以来，人们一直以为它是不动的。

不同地理环境下发育的冰川，其移动速度往往有很大的差异。在美国西部、挪威中部、冰岛南部、新西兰西部等地，降雪量比较大，气温也不是很低，使得冰川底部与岩石基底之间有水膜存在，利于冰川下滑，这一类冰川移动较快，大约每天下移1米。新西兰西部有一条叫做弗兰茨·约瑟夫的冰川（Franz Josef Glacier），其下移速度达到每天5米。但是，即使是这种移动较快的冰川，人们也很难用肉眼觉察它的移动。因为每天移动5米大约相当于每分钟移动0.35厘米，这种移动速度是难以凭肉眼看出来的。

在加拿大的北部地区和格陵兰岛，降雪量少，冰川的补给不足；加上这里气温低，冰川因而也大多成为冷性基底冰川，即冰川底部与岩石基底之间无水膜存在。这一类冰川移动十分缓慢。例如，在巴芬岛上有一条冰川，它每年只移动3.5米。这种移动速度更是难以用肉眼觉察到的。

有一些冰川偶然会有一种特殊的快速运动，叫做冰川跃动（surge）。冰川跃动的速度可达到一般冰川移速的10～100倍。有人还记录下冰川一天移动350米的速度。对冰川的这种急冲运动的成因，科学家至今还不是十分清楚。

人们发现，发生跃动的冰川，其上游往往有一个堆积大量冰的存冰库。在一定的情况下，存冰库内的冰体变得不稳定，于是就快速向下运动而形成冰川跃动。也有人认为，某些冰川在冰川底部与岩石基底之间原先是没有水膜的，后来由于温度上升，它们之间形成水膜，突然之间使冰川底部变得比较润滑，使冰川快速下移。这种快速下移又产生较多热量，结果造成水膜更强的润滑作用，最后便产生了冰川跃动。还有人认为，地震是冰川跃动的触发因素。因为地震引起了雪崩，大量的冰雪降落在山谷冰川内，引发了冰体快速下移。冰川跃动十分壮观。冰体会发生强烈的断裂，形成许多杂乱地堆在一起的碎冰体，它们轰鸣咆哮地向下运动。不过这种情况并不多见。

在极地地区，人们有时还会有幸见到巨大的冰川体崩落到海中的壮观景象。一开始，冰川内部会发出一种奇怪的低沉的声响，就像冰川在漫长的地质年代里为自己寂寞孤单的一生发出深沉的叹息。后来，巨大的冰川体与原冰川断开，随着一声巨响，冰川体崩落到海中，而那轰鸣声还会在山谷间回荡不息。

冰川是自然界的大力士，它能够搬动非常大的岩块。在喜马拉雅山中，有直径达到 28 米、重量超过万吨的巨大岩块曾被冰川搬动。

冰川对地表的侵蚀作用也是十分惊人的。当冰川在山谷里向下运动时，它强烈侵蚀山谷的两侧，使它们变得十分陡峭，最终使山谷的横剖面呈 U 形，这就是人们常说的 U 形谷或冰川槽谷。冰川在移动过程中，冰川底部携带着岩石碎块对地表进行强烈的刨蚀作用。一些岩性较软弱的低洼地，受此刨蚀，形成较大的湖盆。冰川后退时，冰水在湖盆中聚积，便形成湖泊。

芬兰是北欧的一个国家，有"千湖之国"的美誉。这里湖泊星罗棋布，湖泊四周多有绿树环抱。树环绿水，水映绿树，一派宁静秀美的景色。其实，芬兰的湖泊远不止 1000 个，它共有大大小小的湖泊 6 万多个！为什么芬兰有这么多的湖泊呢？

在第四纪冰期，全球气候寒冷，冰川覆盖范围相当大。芬兰地区受到冰川作用的强烈影响，其众多的湖泊主要便是由冰川作用造成的。北美洲的五大湖面积很大，总面积达到 24.5 万平方千米，与英国国土的面积差不多。五大湖总蓄水量有 2.21 万立方千米，相当于密西西比河径流量的 40 倍。这五大湖的湖盆，也主要是由冰川刨蚀而成的。当冰川消融时，被冰川所搬运的大量碎屑物质就在原地堆积下来，形成冰碛地貌。冰碛丘陵是冰碛地貌之一，它高几十米至百余米。当冰碛物质在山谷内堆积时，它会使山谷底部变得高低不平，低凹处会积水成湖。

冰川就像大自然的雕刻师，对不少地方的地表进行着雕刻。种种冰川地貌，也似乎向人们叙述着当初冰川对地表的各种不同作用。

海陆是如何变迁的？

地球表面约有 29% 为陆地，71% 为海洋。多少年来，人们望着宽阔的平原和巍峨的高山，望着浩瀚无际的大海，一直在想，这陆地和海洋是怎么形成的？它们原来就是如此的吗？后来，人们发现，陆地的地层中有许多海洋动物的化石。例如，在喜马拉雅山高峰之一希夏邦马峰山麓地带，人们发现了曾经生活在海水中的鱼龙化石。在撒哈拉沙漠的某地，发现了生活在海水中的珊瑚化石。这一切表明，现在的一些陆地地区，在过去曾经是海洋。中国成语有"沧海桑田"一词，这是指大海变成了农田，农田也会变成大海。那么，这海、陆是如何变迁的？这种变迁有没有规律呢？为此，人们进行了不懈的探索。

在 19 世纪后半叶，人们普遍认为，大陆和海洋的基本轮廓是不变的。当时，人们发现，大陆在漫长的地质时期尽管可能多次被海水覆盖，但大陆的地壳明显地不同于海洋地壳，因而深海是永远不会变成大陆的。但是，这种看法后来受到了挑战。

有一位德国的地球物理学家，叫魏格纳。一天，他生病卧床，两眼望着对面墙上挂着的世界地图。突然，他发现一个有趣的现象：若把大西洋两岸的大陆边缘相互拼接，它们基本上可以拼在一起而成为一块巨大的大陆。于是，魏格纳苦苦思索，最后提出了一个大胆的假设：欧洲、非洲和北美洲、南美洲，过去曾经连接在一起，是一块巨大的大陆，后来，这块大陆中间出现了裂缝，裂缝两侧的陆地向着相反的方向漂移，而它们中间则出现了广阔的大西洋。这就是著名的"大陆漂移说"的由来。

　　为了证明这个假设，魏格纳进行了实地考察，收集了不少证据。他发现，非洲和南美洲的大西洋沿岸地区，有着相同的古代生物化石和相应的岩层，这表明它们在过去曾经是连在一起的。

　　魏格纳的"大陆漂移说"一提出，立即遭到许多人的反对。尽管"大陆漂移说"对传统的大地构造说提出了大胆的挑战，但是，相信"大陆漂移说"的人并不多，随着时间的推移，"大陆漂移说"逐渐被人们淡忘了。

　　在20世纪50年代，兴起了一门新的学科，叫做古地磁学。该学说证明，在漫长的地质年代中，地球磁极的位置不是一成不变的，它时时刻刻都在发生变化；而且，人们还绘制出了北磁极变化的曲线。若按传统的大地构造学说，将无法解释各地岩石中剩余磁性的大小和方向；若按照魏格纳的"大陆漂移说"把大陆拼合起来，则各地每一地质时代的北磁极的位置，大致可以落在同一个地区。这使许多人相信，大陆的确可能发生过漂移。于是，沉默已久的"大陆漂移说"又活跃了起来。

　　在此之后，随着海洋勘探技术的进步，人们对海底岩层有了更多的了解。人们发现，陆地上有的岩石十分古老，年龄在30亿年以上；而海底的岩石却比较年轻，年龄最大的也不足2亿年。人们还发现，海洋底下也有高大的海底山岭，人们把它叫做海岭。海底的岩石在海岭两侧呈对称分布：海岭两侧近处的岩石比较年轻；离海岭越远，岩石年龄就越大。这些现象引起了人们的研究兴趣。1961年，美国科学家赫斯和狄兹创立了一门新的大地构造学说，叫做"海底扩张说"。该学说认为，大洋海岭是新地壳产生的地带。地幔中的物质不断从海岭裂隙中溢出，推动着其两侧的岩层向大洋边缘方向运动；当岩层被推到大洋的边缘时，就向下俯冲到大陆岩层之下，最后又回到地幔。这个学说，可以很好地解释洋底岩层对称分布和洋底岩层比较年轻的现象。因此，有人认为，"海底扩张说"是对"大陆漂移说"的继承和发展。但是，"海底扩张说"的注意力主要集中在海底。为探讨全球地壳运动的规律，人们又提出了不少新的学说，其中之一便是"板块学说"。

　　1968年，法国地质学家勒皮顺将全球岩石圈划分为6大板块，即太平洋板块、亚欧板块、印度洋板块、非洲板块、美洲板块和南极洲板块。板块的分界线包括：大洋底的海岭（如大西洋底的海岭），陆地上两大板块相互碰撞而形成的褶皱山脉（如喜马拉雅山脉），和大洋板块俯冲到大陆板块之下而形成的俯冲带，其地面位置常常是深海沟的所在处。而上覆的大陆板块在俯冲带有所增生，多形成高大山脉，如北美洲和南美洲西海岸的高大山脉。在板块内部，地壳相对稳定；在板块与板块的交界处，地壳活动强烈，多火山和地震。"板块学说"比较好地解释了世界大地构造的许多现象，如深海沟、岛弧链和高大山脉的分布；它也比较满意地解释了世界火山和地震的分布规律。该学说也表明，海洋不是一成不变的，它也是有生有灭的。因此，又有人认为，"板块学说"是对"大陆漂移说"和"海底扩张说"的进一步发展。但是，"板块学说"还不能解释所有的地质现象，例如，它对大陆内部的地质现象涉及不多。有人还指出，按"板块学说"，造成板块运动的动力是地幔的物质对流，但是，要证明这一种物质对流的存在是很困难的。因此，也有人对"板块学说"持不同的意见。

从"大陆漂移说"到"海底扩张说"，再到"板块学说"，可以认为这是人类探索海陆变迁规律的主要轨迹。但是，海陆变迁问题十分复杂，还有许多问题有待于人们去认识，还有许多规律有待于人们去发现。

人文地理

玛雅文明为何突然消失？

　　有人在洪都拉斯丛林中荒草覆盖的土地之下，发现了一座古城遗址。遗址有金字塔、庙宇、祭坛、石碑等。据考证，这座古城在遥远的过去，曾经是玛雅古国的首府。之后，一批批考古人员来到中美洲，寻找玛雅文化的遗迹。结果在墨西哥、危地马拉、洪都拉斯、秘鲁等地，共发现古代城市遗址达 100 多处。它们向人们表明，远在 3000 年以前一直到公元 8 世纪，玛雅人生活在这一地区。

　　玛雅人建造的建筑物有很高的艺术水平。在建筑物上，有大量的神、人、动物雕像。其中一处的狮头人像，一手举着火炬，一手握着蛇，嘴里还衔着一条蛇，造型特别，雕刻精美。玛雅人建的金字塔也十分壮观。有一金字塔高十层，每层均有石阶相通，塔顶是平台。当年，玛雅人的祭司每天几次要爬上塔顶的神坛上作祈祷。

　　玛雅人很早就掌握了不少农业生产技术。科学家用高空雷达对中美洲地区进行了扫描，再用计算机对所测数据进行处理，结果发现这一地区有纵横交错的水渠网遗迹。经研究，这些水渠是玛雅人挖掘而成的。玛雅人用水渠进行灌溉，当发生洪水时，又用水渠把洪水排入大河。玛雅人种植玉米、土豆、豆类、瓜类、西红柿、剑麻等作物，为人类的农业生产做出过重要贡献。

　　玛雅人很早就有了文字。他们的文字既有图形，也有音节和音标符号，词汇多达 3 万多个。有人研究后指出，玛雅人的文字是象形文字和字母文字的混合物，并读出其中一些文字所述的内容。玛雅人有令人叹服的数学知识和天文知识。玛雅人很早就发明和使用"零"的概念，比欧洲大约早 800 年。

奇琴伊查玛雅遗址

玛雅人创立 20 进位计数法和 18 进位计数法。玛雅人认为一年为 365.2420 天，这与现在计算的 365.2422 天相差很小。他们把一年分为 18 个月，每月 20 天，再加上 5 天禁忌日，总共 365 天。玛雅人还算出金星的历年为 584 天，与今天计算的 584.92 天接近。尚处于农耕社会的玛雅人如何具备这么先进的数学和天文知识，至今仍是一个不解之谜。

大约在公元 900 年前后，各地的玛雅人突然抛弃了他们所建造的城市和肥沃的土地，向深山迁移。玛雅人创造的繁荣的城市逐渐被荒草覆盖，他们创造的辉煌文化好像突然中断。玛雅人为什么这样做呢？

有人对此提出了种种假设，包括外族侵犯、气候骤变、地震破坏、瘟疫流行等，用以解释玛雅人的突然迁移行为；但是，种种假设均难以令人信服。后来，研究人员通过阅读玛雅文字，结合研究壁画和雕刻，得出了一个惊人的结论，即玛雅文明突然消失，是由于玛雅人之间不断相互残杀的结果。考古人员经发掘，发现有数量巨大的玛雅人遗骨。在蒂卡尔城的遗址，就发掘出相当于 7.5 万人的遗骨。在另一处，考古人员竟发现逾 10 万的玛雅人头骨。在一些地方，玛雅人建造了许多庙宇，每一个祭坛每天要杀数人祭神。当玛雅人建起一座城市之后，便向其他部族进攻，以捕获大量俘虏用于祭神。这样，许多城市在战争中毁灭，大批大批的俘虏被残酷地杀死。历史学家估计，每年玛雅人因祭神而杀死的人总共有 200 万～300 万，在战争中也有大批人员死亡。这样，由于人口锐减，在不长的时间里，玛雅文明便被毁灭了。

也有人认为，玛雅文明的消失是人口剧增所造成的。玛雅人采用的是刀耕火种的农业生产方式。由于人口压力大，他们不得不大量烧荒种地，使大片土地无法得到恢复，结果造成环境破坏，农业收成锐减，最终导致该文明的消失。

千古之谜

在漫长的人类历史中，我们的祖先为后人留下了大量珍贵的古迹，如埃及的金字塔、中国的万里长城、古罗马的斗兽场等。古人为什么要建这些建筑？它们是怎样建成的？人们通过大量的研究，对这些问题大多逐渐搞清楚了。但是，还是有不少古迹至今仍然迷雾重重。人们一直搞不清楚它们是怎样建成的，或者不清楚古人的生活场所突然之间发生变化的原因。下面，我们向大家介绍几则这样的千古之谜。

1901 年，瑞典探险家斯文赫定在向导的指引下，对位于新疆罗布泊荒原

楼兰古城遗址

的楼兰古城进行了大规模的发掘。后又有多批人员对古城进行考察。楼兰城是一座每边大约长330米的正方形城池。城内街道脉络分明，官署有高大的门柱和朱漆的梁栋，民宅包括庭院、正房、厢房几个部分，木结构的建筑上还可见到花纹，表明当时城市建设和房屋建筑已有不错的水平。遗址出土大量的文物，其中的丝、毛、麻等织品织法多样，色彩鲜艳，图案中的动物或飞奔跳跃，或安详静卧。出土的文物还有大量汉文和怯卢文竹简，记述从西汉到晋代当地屯垦戍边的人员、仓库等情况。出土的还有铜人、铜戒指、铜币等大量文物，表明当初高超的工艺水平和繁荣的商贸景象。文物中还有100多件魏晋书法真迹，为十分珍贵的书法珍宝。

据史书记载，我国汉朝政府曾多次派员去楼兰，使其成为汉朝在西域的军事重镇。但在公元4世纪后，楼兰古城突然消失了，这给人们留下了一个千古之谜。楼兰古城消失的原因，有人认为是由于高山冰川融水减少而造成孔雀河等河流干涸，最终使罗布泊面积变小，水质变咸，当地居民不得不逃离古城，去别处谋生。另一种说法是，楼兰是被当时北方的异族所灭，居民也就逃离散尽。还有一种说法是，楼兰古城人口增长过快，致使人们大量开垦草地，结果造成生态环境被破坏而使居民不得不弃城流入他乡。但上述说法，均缺乏充分的证明。楼兰古城为什么突然消失，至今还没有一个令人信服的回答。正因为如此，楼兰遗址更激起人们强烈的考察兴趣。

在埃及，有许多大大小小的金字塔。金字塔是用巨大石块建成的方锥形建筑，形似汉字"金"字，故译成"金字塔"。金字塔是世界闻名的旅游景观。

在开罗西南约10千米有一个叫做吉萨的地方，有世界上规模最大且最高的胡夫金字塔。这座金字塔是古埃及第四王朝法老胡夫的陵墓，被誉为古代世界七大奇迹之一。该金字塔现高138米，塔底占地5.29万平方米，大约由23万块巨石砌成。这些石块平均每块重2.5吨，其中最大一块重16吨。令人吃惊的是，这些石块之间没有任何黏合物，而是由石块与石块相互叠积。石块之间合缝十分严密，据说人们即使用锋利的刀片也很难插入石块间的缝隙中。该金字塔大约建于公元前27世纪，距今已有近5000年的历史，至今仍然宏伟壮观，成为古埃及文明的象征。

金字塔

　　在将近 5000 年之前，人们用什么工具，把石块加工得如此平整？当时人们又是用什么运输工具，把这些大石块运到金字塔上？建造金字塔需要大量的劳动力，当时埃及有这么多的劳动力吗？如果当时有数量众多的劳动力，那么这些劳动力需要消费大量的食物，而尼罗河谷地所能提供的耕地有限，仅仅依靠尼罗河谷地生产的粮食，能够供养如此巨大的劳动大军吗？还有人计算，若按每天加工和堆砌 10 块巨石的速度，建成这座金字塔需要 600 多年时间，那么，法老们为什么要修建自己不可能享用的陵墓呢？建造这巨大的金字塔的目的到底是什么呢？所有这些问题，使不少专家迷惑不解，至今还无法找出一个令人信服的答案。

　　智利的复活节岛向人们提供了又一个千古之谜。智利的复活节岛位于南太平洋，距离智利本土大约 3700 千米。1722 年，一位荷兰航海家登上这个小岛。当天，正值基督教的复活节，因此这个小岛被叫做复活节岛。小岛面积不大，只有一百十几平方千米，岛上居民约 2300 人。但是，这个小岛引起了人们极大的探险兴趣。

　　该岛最神秘之处是岛上有 1000 尊左右的巨大的石雕人像。其中有 600 尊整齐地排列在海边。石像大小不一，高 6 ～ 23 米，重量多为 30 ～ 90 吨。有的石像面对大海，有的石像面向岛内。石像昂首远视，若有所思。这些石像特征明显，为长脸、宽额、大耳朵，有的石像还戴有红色的帽子。岛上还有几个采石场，采石场上有许多尚未被加工的石料和加工到一半的石像。采石场的情景好像是突然发生了什么事情，使大批石匠放下工具匆匆离去。

复活节岛巨石人像

　　历史学家、人类学家、考古学家纷纷来到复活节岛。他们要弄清楚是谁雕刻了这些石像，这些石像代表什么，这些石像是怎么被雕刻成的和怎么被运输的。岛上的居民也不清楚这些石像的由来。岛上有一些刻有图形符号的木板，但是，至今人们尚不明白这些符号表示什么意思。小岛更是笼罩着一种神秘的气氛。

　　有一位叫做海伊达的挪威人类学家认为，最先到达复活节岛的居民来自美洲大陆的秘鲁。他们大约在公元 300 年到达该岛。岛上的石像与南美洲的石像相似。岛上还有一些石刻，表现的动物是波利尼西亚人不知道的。不过，他们为什么要雕刻这么多的石像，至今还是一个谜。据估计，雕刻一尊中等大小的石像，需要十几个人工作一年。岛上本来居民不多，他们是怎么刻成这些石像的？岛上没有什么起重设备，这些石像是如何被运输并被树立起来的？一些石像头上戴的帽子有几吨重，这些帽子又是如何被戴上去的？即使岛上曾经有过比较多的人口的话，那么，这个小岛是如何提供大量食物以供养这些人口的？为什么采石场突然停工，石匠们匆匆离去？对所有这些问题，至今还没有一个令人信服的解释。

多姿多彩的日本文化

　　到过日本旅游的人，大多会被日本特色鲜明的文化深深打动。日本人的生活习惯、社交礼仪和艺术追求，均折射出日本文化的特有魅力。

　　和服是日本民族的传统服装。和服为直身、交领、直袖、腰部系带的服装。女式和服款式多，色彩鲜艳，配宽腰带，有婚礼和服、晚礼和服、宴礼和服等多种。穿和服时讲究穿木屐和布袜，还要根据和服的种类梳理不同的发型。男式和服色彩比较单调，配细腰带。和服给人以自然飘逸的美感。但是，和服穿着不便，因此，除了新年、婚礼、成人仪式等少数场合外，多被西装或便服所取代。

　　日本人对饭菜统称为"料理"。日本料理以米饭为主，以鱼虾、蔬菜为副食，种类繁多，有生鱼片、河豚、寿司（饭团）、天麸罗（油炸虾、鱼、蔬菜等）、荞麦面条等。日本料理讲究用料新鲜，所用鱼、虾等一般是当日一早从鱼市场购得。日本料理还讲究色彩、形态搭配合理，富有美感。酱和酱汤也是日本人比较喜欢的。每逢生日或节日时，日本人喜吃红豆饭以示吉祥。

　　日本式住宅又称为和宅，为木质结构，以平房和二层楼房居多。地板上铺草席或坐垫。晚上在地上铺好床垫、被子就可以睡觉。客人进室内要脱鞋。室内还设有壁龛，供祭祀用。现和宅多见于农村，在城市里主要是西式住宅。

　　花道是日本文化的又一特色。日本人把剪下的树枝、花草，经艺术加工后插入瓶、盆等器皿之中，讲究艺术造型。造型一般分为上、中、下三层，分别代表天、人、地，体现了天人合一的思想。三角形的造型表示圆满如意。在日本，花道流派众多，插花成了一种陶冶情操、培养审美情趣的传统艺术，

身穿和服的西方姑娘在樱花下留影

成了日本家庭生活的一部分。

　　茶道是日本人的一种待人接客的特殊礼仪，体现了日本文化的内涵。茶道提倡"和、敬、清、寂"，融禅、伦理、美学为一体，陶冶情操，修身养性。一般待客人入座后，主持人按规定动作点火、烧水、沏茶、献茶，然后是客人双手接茶致谢，先欣赏茶具的质地和花纹，然后轻品慢饮。茶道品茶讲究场所，一般在茶室内进行。茶道在日本十分普遍。

　　日本人见面时多行鞠躬礼。当青年人与长辈相见时，要等长辈抬头之后才能抬头。施礼时，常伴有"您好""请多关照""打搅您了"等问候语。

　　日本是一个多宗教的国家。日本人普遍信仰一种以上的宗教，许多日本人同时参加几种宗教活动。常见一个日本人出生时到教堂去做洗礼，结婚时按神道教的仪式举行婚礼，死后则按佛教仪式举行葬礼。多数日本人信奉神道教和佛教。基督教新教和天主教的信徒也比较多。

樱花是日本的国花，它以花色绚丽、花期短暂而深受日本人的钟爱。樱花每年春季开放，花色有的雪白，有的粉红，一簇簇的花开满枝头，远远望去，宛如一片花的海洋。樱花花期短，一棵樱花树从第一朵花开到满树樱花全部开放，一般只有 4 天左右时间。有时候，人们一早起来，走到园中，发现突然之间满枝丫开满了美丽的花朵。樱花凋落也很快，花瓣如粉蝶狂舞，一夜之间，园中只剩下干干净净的树枝和满地的花瓣。由于日本文化推崇"生时的辉煌和死时的尊严"，与樱花的花开花落十分相似，所以，樱花在日本特别受到推崇。每当樱花开放时节，人们会到樱花树下唱歌跳舞，皇室也在皇家花园里举行盛大的"观樱会"。樱花对气温十分敏感。由于日本南北跨纬度大，所以，每年春季，樱花自南向北逐渐开放。

日本文化既反映出中国传统文化和西方文化的影响，又反映出日本作为一个岛国，其文化发展具有自己的特点。如日本文字受汉字的深刻影响，日语中有大量的汉字，但日本文字又有自己的发音、语法等特点。又如，日本和服既受到中国唐朝服装的影响，又具有自己的特色。西方的科学技术和生活习惯均对日本产生重要的影响，但日本还是保持其鲜明的文化特色。日本文化也反映出自然地理环境的深刻影响。日本木结构的和宅既防震，又防湿，是一种适合日本自然环境的建筑。日本人喜欢吃鱼，这与日本附近为寒暖流交汇处，日本渔业发达有关。

古迹众多的罗马古城

罗马是意大利的首都，它位于亚平宁半岛的山丘之上，离台伯河河口约20千米。罗马是古罗马帝国的发祥地，是一座世界闻名的城市。

罗马城最令人难忘的是其为数众多的古迹。其中最为著名的是椭圆形的斗兽场，它长径约188米，短径约156米，外围墙高57米，由大理石砌成。斗兽场规模宏大，整个看台可以容纳8万多观众。它底层有80个入口，以便于古时众多观众的出入。斗兽场始建于公元72年，于公元80年完工，至今已有1900多年的历史。古罗马统治者驱使大批奴隶角斗士和各种动物上场厮杀，以供那些统治者观赏。公元249年为庆祝罗马建城1000周年，共有1000对角斗士参加表演。这一次伤亡人数已无法查清，但这一次厮杀共杀死32头大象、10头虎、60头狮子、10只土狼、40匹野马，还有为数不少的鹿、斑马、野驴、长颈鹿等，场面极其残忍。在斗兽场上，除了角斗士与动物厮杀外，还有角斗士与角斗士之间、野兽与野兽之间的厮杀。现在，斗兽场尽管只剩下一些断墙残壁，但每年都吸引着许多旅游者，因为这里曾记录下人类历史上惨无人道的角斗。在宽广的帝国大道两旁，遗址遍布，古罗马帝国的元老院、神殿、贞女祠等都集中于此。位于帝国大道东边的一个广场上，有一40多米高的凯旋柱，柱上有精致的浮雕，记述古罗马一位帝王远征多瑙河流域的故事。在罗马城的绿树丛中，还有许多雄伟壮观的古代建筑。

罗马城里还有许多喷泉，主要的喷泉就有100多个。其中最著名的叫做特雷维喷泉，又叫做"少女喷泉"。它气势宏伟，位居中间的海神像逼真传神，两侧则是富饶女神和安乐女神。泉水晶莹洁净，飞流直下，水花四溅，闪闪发光。

古罗马斗兽场内部

古罗马斗兽场外部

罗马是一个缺水的城市，众多喷泉喷出的水是通过好几条水道从远处引来的。在 2500 年之前，勤劳而聪明的罗马人先后修建了 12 条水道，从几十千米之外把泉水和湖水引入城里，为城内众多浴室和喷泉提供水源。后来大部分水道因年久失修而损坏，现在只有 3 条水道还在继续引水。罗马人以后还新建了一些水道，把湖水引入罗马城。

　　罗马还以教堂众多而闻名。罗马城里大小教堂有几百座。另外还有 300 多所修道院和 7 所天主教大学。罗马的教堂雄伟壮观，里面有不少名家石雕和绘画，显得十分庄严肃穆。位于罗马城西北角的梵蒂冈面积只有 0.44 平方千米，但它却是世界天主教中心。圣彼得教堂是世界上规模最大的天主教堂，可同时容纳 5 万人作弥撒。教堂的建筑、雕塑和绘画为文艺复兴时期艺术的精华。教堂前的圣彼得广场长 340 米，宽 240 米，广场中间竖立着高大的埃及方尖石柱。广场上还有高大而精美的喷泉，广场南北则有长长的回廊。整个广场显得整洁而美观。

新罗马城建在古城南 5 ～ 7 千米处，那里有现代化的高楼、体育场、展览馆等。这样布局，既适应了城市发展的需要，又保全了罗马古城的风貌。每年来罗马古城游览者为数众多，他们对罗马古城留下十分深刻的印象。一些中国游客游览了欧洲不少城市后，认为罗马古城的历史文化氛围最为浓郁。

为什么故宫中外闻名?

到北京去旅游的人,大多要游览故宫,故宫也给广大中外游客留下十分深刻的印象。为什么故宫在广大游客中享有如此高的声誉呢?为什么故宫闻名中外呢?

首先,故宫是我国明清两代的皇宫,具有极其重要的历史地位。故宫始建于 1406 年,建成于 1420 年,历时 15 年。先后有 24 个皇帝居住在故宫,统治中国长达 491 年。故宫旧称紫禁城。这是因为古代天文观测者认为,紫微星位居中天,是天帝居住之处。天宫被称为紫宫。皇帝自命为真龙天子,把皇宫称为紫宫,以期四方归化,长期统治。皇宫戒备森严,是一般老百姓的禁地,故又叫紫禁城。可见,故宫从其建成以来,在长达 400 多年的时间里,一直被视为皇权的象征。

其次,故宫规模宏大,气度不凡,是我国现存规模最大宫殿建筑群。故宫占地 72 万平方米,面积相当于长、宽各 100 米的运动场 72 个。故宫南北长 961 米,东西宽 753 米,四周有高大的城墙环绕,城墙外则是宽 52 米的护城河。城墙四边各有一门。南边的午门是故宫的正门,门楼高 8 米。北边的门叫做神武门,东、西的门分别叫做东华门和西华门。宫殿的房屋建筑面积达 15.5 万平方米。故宫向游人展示了其皇宫的威严和不凡。

再次,故宫众多建筑物布局严谨,建筑精美,功能各异,文化内涵丰富,是我国极其宝贵的人文旅游景观。整个建筑布局显示出封建社会等级森严和皇权至高无上。建筑物呈对称布局,大殿则位于老北京城的中轴线上。太和殿面积为 2300 多平方米,是故宫最大的建筑物。它建在 5 米高的汉白玉台基上,

北京故宫

台基四周则有精美无比的雕龙石柱。大殿正中有金漆雕龙宝座，宝座后为金漆屏风，宝座前有香筒、仙鹤等陈设，显得庄严肃穆、富丽堂皇。皇帝升座时，香炉上香烟缭绕，更有一种神圣的气氛。明清两代皇帝即位、诞辰以及元旦（春节）、冬至等庆典，均在此举行。中和殿在太和殿之后，是皇帝去太和殿途中小憩之处。保和殿在中和殿后，是清朝举行盛大宴会的地方。太和殿、中和殿和保和殿称为前三殿。在保和殿之后则是皇帝处理日常事务的场所，也是皇帝和后妃们居住的地方。中轴线上从前到后分别是乾清宫、交泰殿和坤宁宫。乾清宫是明朝皇帝的居住处，皇帝也在此处理政务和召见臣仆和外国使节。从清朝雍正皇帝之后，皇帝迁至养心殿住。交泰殿是皇后生日举行典礼的地方。坤宁宫是明代皇后的寝宫，其东暖阁是清代皇帝大婚的洞房。东西六宫则是后妃们居住的宫室，而慈宁宫、寿康宫、寿安宫则是太后、太妃们居住的地方。

另外，故宫还珍藏大量稀世文物，总共有近100万件。其中包括王献之的"中秋帖"、王珣的"伯远帖"、韩滉的"五牛图"、董源的"潇湘图"

唐·韩滉《五牛图》局部

以及唐寅、扬州八怪等人的杰作。这些珍贵的文物使故宫更是身价倍增。

　　故宫集聚了我国古代建筑和文物的精华；故宫也是一部我国明清两代政治事件和皇室生活的画卷，详尽记录了这一段时间我国重大历史事件和皇宫礼仪、习俗。因此，故宫具有独特的历史文化价值。故宫真是我国人文旅游资源中的一颗璀璨的明珠。

为什么苏州园林魅力巨大？

苏州的园林面积较小，拙政园是苏州园林中面积较大的一所，至今面积仅为 60 余亩，而沧浪亭面积只有 16 亩，怡园面积更小，只有 8 亩。与北京的园林相比，苏州的园林更显得其占地少、面积小的特点。北京的颐和园占地 4350 余亩，圆明园遗址有 5200 余亩。但苏州的园林却中外闻名，每年游园者人数众多。我国园林研究专家陈从周先生认为，江南园林甲天下，苏州园林甲江南。

苏州园林为什么有如此大的魅力呢？

沧浪亭

狮子林假山

　　我们知道，西方古典主义园林讲究整齐和对称，注重几何图形的组织，就连花草树木也都被修剪得方圆成形。而苏州园林体现"天人合一"的造园思想，它地面高低起伏，水体曲折透迤，树木花草相间，庭前屋后山水相映，力求使自然界青山、绿水、顽石、修竹、垂柳、游鱼等在园中再现，力求达到"虽由人作，宛如天开"的境界，体现造园者崇尚自然、热爱自然的美学倾向。

　　我国北方园林以规模宏大、富丽堂皇著称，而苏州园林则受到退隐官宦、落魄文人情感气质的影响，体现了一种淡雅清新、超世脱俗的意境。例如，留园进处为狭长的小道，一路上时暗时明，几经转折方见水石花木，亭轩相对，给人以"庭院深深"之感。该园西部有小丘，远看枫林一片，倒映于水中，像彤云荡漾，更令人遐想不已。苏州园林的诸多景物均倾注造园人的人格灵性和精神寄托，在物质中表现精神，具有情景交融的感人力量，这是苏州园林最能打动人心的地方。

　　苏州园林对空间的处理手法多样，这在中外园林艺术中也是十分有名的。例如，留园本身面积不大，它通过近处漏窗和远处空窗，使相距只有二十米的湖石假山看起来显得深远。走廊边上有多个漏窗，各个窗景互不相同而又有连续性，有步移景异的效果。又如，留园进门后是一狭长的走道，几经转折，才进入园内主景区，给人以豁然开朗之感。这就是用了大小强烈对比的手法，使原来不大的主景区给人以开阔宽敞之感。

　　苏州有宋、元、明、清不同朝代各具特色的园林。沧浪亭建于宋代。园内建筑绕假山而建。土丘上古木参天，土丘前有曲折的回廊，廊壁上有各式花窗，透过花窗可见园外景色。"沧浪亭"匾额是明代书画家文徵明的手书，更添一分情趣。沧浪亭以清幽古朴见长。狮子林建于元代。狮子林以假山洞壑取胜，假山形态千奇百怪，假山中石洞曲折变幻，游人进石洞如入迷宫一般。石缝之间松柏苍翠，点缀得恰到好处。拙政园山清水秀，园景开阔，富丽堂皇，雍容华贵，代表明代中期建筑风格。全园布局以水为中心，以水景优美为特色。远香堂厅内无一根庭柱，人在厅内可看到四面景色，给游人留下深刻印象。留园代表清代园林建筑风格。留园布局紧凑，园中小桥、长廊、漏窗、隔墙等设计精巧，厅堂精美典雅，更是巧妙利用分合、虚实、空间对比等造园手法，在艺术构思上成就卓著。网师园精致小巧，亭、台、廊、榭无不面水，清新幽雅，独具匠心。环秀山庄以叠石而闻名，用叠石表现大自然峰峦起伏、悬崖峭壁

拙政园

网师园

之景，其叠石被认为是吴中园林最杰出者。苏州古典园林集我国多个朝代园林艺术之精华，折射出历代造园者崇尚自然，超世脱俗的思想火花，值得游人细细品味。苏州古典园林已于 1997 年被联合国教科文组织世界遗产委员会列为世界文化遗产。苏州园林在国外也有很高的声誉，例如，在美国纽约，有 400 平方米占地面积的"明轩"，它就是以苏州的网师园为蓝本而建造的。

景观之美，贵在意境

近年来，我国各地建起了不少人造新景点，但成功者为数不多。各地也新辟了不少自然旅游景点，但其中不少也是游人寥寥。反之，有一些旅游老景点却一直能够吸引众多游客。人们不禁要问，旅游景点的建设有什么奥秘吗？

其实，游客到一个景点，他不仅需要领略那里特定的视觉美感，如山清水秀、群花灿烂等，他更需要寻求某种特殊的氛围，感受那里特有的整体美。这就是旅游景点给人的一种独特的意境。它能够引起游客心灵的感应，唤起人们内心对某种美的追求。不同的旅游景点，往往给人以不同的意境。

黄山奇峰林立，姿态万千，更有云雾缠绕，云海迷漫，身临其境，如置身于仙境一般。不时露出的奇松怪石，游人从不同的角度看，均似一幅幅浓淡相宜的水墨画。这峰、石、松、云在位置上恰到好处，犹如一位画家所作的巧妙布局。黄山给人以一种精巧、细腻、虚幻、飘逸的意境。

泰山古建筑众多。岱庙位于泰山南麓，规模宏大，气势不凡。天贶殿富丽堂皇，内有高 3.3 米、长 62 米的巨幅壁画，画中有人物 657 个，个个神态不一，整幅画场面宏大，布局严谨。汉柏院内有 5 株汉柏，相传为汉武帝封禅时所植，至今仍挺拔粗壮，生机勃勃。岱庙内藏有秦、汉、晋、唐等多个朝代珍贵碑刻，有真、草、隶、篆各种书体，有颜、柳、欧、赵不同流派。这些碑刻或苍劲古朴，或飘逸潇洒。在群峰密林之中，还有王母池、关帝庙、红门宫、万仙楼、碧霞祠、玉皇庙等许多建筑。我国历代帝王登基或祈太平之岁，多来泰山举行封禅大典，祭告天地。其中有些帝王还多次登临泰山，留下大量文物古迹。泰山给人以古朴、雄伟、博大、精深的意境。

　　江南古镇多小桥流水。石板路的两侧分布着茶馆、染坊、当铺、药店，具有一种浓浓的古时生活气息。小镇还有一些深宅大院，高高的围墙内有雕刻精美的建筑，里面有古色古香的厅堂。有些院内还有假山、池塘、绿树和亭台。站在小镇的桥头上，可见到妇女在河边浣洗衣物，不时听到一两声小贩的叫卖声和船娘的摇橹声。江南古镇给人以一种平和自然、悠然自得的意境。

　　上海外滩有长长的、呈弧状沿江排列的各式建筑物。这些建筑物风格各异，错落有致。它们面前为宽阔的马路和绿树点缀的江边休闲地，再往前则是水波荡漾的黄浦江。站在延安东路外滩向前看，整个外滩建筑物在蓝天、白云和绿树的衬托下，一览无余，犹如一幅精心设计的美丽油画。上海外滩使人感觉建筑物与周围环境十分协调，具有一种整体美感。其中单独的一幢建筑物并不见得有特别好看之处，但它们沿江一排展开，这些建筑物就像连绵起伏的山丘，也如跌宕婉转的乐章，令人陶醉不已。它的现代建筑物与自然环境很好地融成了一体，给人以一种和谐、美观、大度、从容的意境。

江南小镇周庄

国外也有不少具有独特意境的旅游景观。例如，在加拿大中西部，有一望无边的原始森林，有冰雪覆盖的连绵高山。夏日里，这里是一片幽美宁静的湖光山色；冬日里，这里是无边无际的林海雪原。加拿大的中西部给人以一种宁静、开阔、原始、自然的意境。

在此，我们再一次呼吁，对一些古景的改造，一定要注重其原有的意境。例如，对一些名人故居，决不可轻易改动其原有的建筑、装潢、家具摆设，甚至连室外土墙上的枯藤、衰草也需要作精心的保护。因为这些鲜活地还原了名人以往的生活环境，是最能打动人心的地方。

是谁最早发现了美洲大陆？

不少西方人一直认为，哥伦布最早发现了美洲大陆。哥伦布是意大利人，是一位知识丰富的航海家和探险家。他率领船队于 1492 年 10 月 12 日登上巴哈马群岛。1498 年他率船队又发现了特立尼达，并登上了南美洲。

我国学者刘树人、朱海森提出，最早到达美洲的是中国人。他们到达美洲有几种方式。在距今 14000 年前，亚洲和美洲之间还存在着"阿拉斯加陆桥"，先民们通过此陆桥到达美洲。在距今 9000 年前，海平面上升，陆桥沉没，但现在的白令海峡两岸最窄处约 86 千米，中间还有一些小岛，在冬季海上结冰时，先民们可以徒步到达美洲。以后海平面再上升，先民们可以乘船横渡太平洋而到达美洲。刘树人、朱海森是在综合其他多位专家的研究的基础上，提出此看法的。这些研究成果有：

1. 考古学的发现。据王大有先生的研究，1865 年，在秘鲁某地发掘出一尊金属铸造的神像，手持两牌，上刻"武当山"。1962 年发现玛雅佛像雕塑，不仅造型具有中国特色，且刻有"日""盾"等字。秘鲁一块石碑上刻有"太岁"二字。墨西哥还发现一块墓碑，其上刻有"大田齐人之墓"。考古学家在美洲古代文物中发现不同的汉字 59 个，重复出现的汉字 140 多个。据连云山先生考证，在美洲洛杉矶附近的浅海中发现许多石锚，经中、美两国地质学家鉴定，该岩石产于中国华东地区。而在我国国内，也发现大量古时航海文物，如浙江河姆渡出土 7000 年前的 6 支雕花木桨，山东荣成出土 7000 年前的独木舟。这表明，中国古代的先民早就有良好的造船和航海技术了。

2. 文献的研究。《山海经》是我国最古老的地理著作，据推测约写于公元前 200 年的战国后期，秦汉时有所增补。此书中的"南山经""北山经""西山经""中山经"所叙述的内容均已在我国大陆找到，唯有"东山经"所记述的山河湖海以及动植物在我国大陆找不到。美国学者亨利艾特·墨兹研究了美国西部山地，结果发现，美国西部的山脉走向、山峰、河流走向、动植物等与"东山经"完全吻合。他在书中还写道："对于在四千年前已经踏着白雪皑皑的山顶和峻峭的山峰而徒步考察的无畏的中国人后面，我们所能做的，首先要向他们顶礼膜拜，鞠躬致敬。"

王大有先生还收集了大量的历史资料。周武王于公元前 1045 年左右，攻破殷都而灭殷，此时有 10 万殷军突然下落不明；而此时的中美洲地区正兴起一种具有殷商文化特征的文明。1910 年清政府驻墨西哥特使顾阳庚先生接到百余印第安人请愿，说是墨西哥革命时，有 750 名印第安人被杀，这些印第安人是 3000 年前从天国经"浮桥岛"到这里的，请求天国政府保护、索赔。

此外，古代印第安人的图腾、观念等也与中国远古文化相近。因此，有专家认为，最先到达美洲大陆的是我们中国古代的先民。

生物与环境

热带森林动物世界探秘

　　在密密的热带森林中，有许多高大的乔木。藤本植物十分普遍，它们缠绕着乔木生长。这里的植物种类多，生长密，地下多水塘和河流。这一切，为许多热带森林动物提供了理想的生活场所。这些动物，具有在湿热环境中生存的本领，各有不少奇特的生活习性。

　　鳄鱼大多生活在热带。其实，鳄鱼不属于鱼类，而属于爬行类动物。鳄鱼四肢短，尾巴长，有的体长可以达到好几米。全身有灰褐色的硬皮，像是披了一身英武的盔甲。鳄鱼善游泳，既可以在水中生活，也时常上岸活动。由于它的眼睛长在头的上部，因此，它可以伏在水底看到水中的东西。当水中有鱼游过时，鳄鱼会猛然跃起，把鱼牢牢咬在嘴里。鳄鱼的颚部非常有力，被鳄鱼咬住的动物，很快被咬成几段吞下。有人在非洲西部捉到一条鳄鱼，经解剖后发现，它腹中有珍珠、耳环等物，据说这是当地一名失踪妇女的饰物。鳄鱼是会吃人的。

　　鳄鱼尽管凶狠，但对自己的后代却是十分爱护。母鳄鱼在孵卵期间，为保护其卵，长时间不吃东西，直到小鳄鱼出世。之后，它还继续保护小鳄鱼，直至小鳄鱼能够独立生活为止。

　　鳄鱼在河滩上爬行时，总是从某一条道上爬来，又沿着原来的路线爬回去。于是，有人想出了捕杀鳄鱼的办法。人们用羊来引诱鳄鱼，当鳄鱼爬近羊时，人们敲鼓把鳄鱼吓回去；当鳄鱼沿着爬来的路线返回时，便被人们埋在地上的尖刀剖开了肚子。可见，力大而凶残的鳄鱼终于还是斗不过体貌虽小但善用智慧的人类。不过，由于人类对鳄鱼的大肆捕杀，鳄鱼数量急剧减少。今天，

做表演的大象

人们已开始对鳄鱼进行保护。

　　大象也是热带森林中的一种动物。大象躯体庞大，是现今陆地上最大的动物。大象最显著的特征，是它长长的、弯曲自如的圆筒形鼻子。象鼻子十分灵巧，能把食物从地上卷起送入口中。大象全身的毛稀疏，皮很厚，耳朵大。大象喜欢成群活动，象群中一般有成年象，也有一些幼年的小象。大象是一种很聪明的动物。在动物园里，经过训练的大象会做许多表演。例如，它能在高出地面半米的树桩上悠闲地走路，它还能用灵巧的鼻子卷起篮球，并准确地投入篮筐。训练有素的大象，能帮助人们搬运木材。若木料比较短，一只大象就能用鼻子把它卷起搬走；若木料比较长，两只大象会配合得很好，各用鼻子卷起木料的一头，再一起把木料搬走。经过训练的大象，还会帮助人们照看小孩。在东南亚的一些地方，主人外出干活时，就把小孩放在家中，让一头大象负责照看。大象能够十分负责地完成主人交给的看管小孩的任务。当小孩爬到远处，大象就会用鼻子把小孩卷起，放回原处。当小孩睡着时，大象还会用鼻子把小孩卷起放入摇篮中。由于大象会帮助人们做许多事情，因此，人们普遍对大象十分爱护。在泰国，大象被视为国宝。但是，因大象的牙坚硬、洁白、细致，是制作工艺品的绝佳材料，一些偷猎者为了获取象牙，

黑猩猩

大肆捕杀大象，使大象数量大幅度减少。现在，野生的大象已经十分罕见了。大象已成了人们重点保护的动物。

在非洲的森林中，还生活着另一种十分聪明的动物——黑猩猩。黑猩猩身上长着黑色的毛，但面部无毛，呈灰褐色，眉骨较高。黑猩猩直立时可达到1.5米，喜群居，吃野果、小鸟和昆虫。黑猩猩是与人类最相似的高等动物，它的一些行为引起人们强烈的研究兴趣。人们发现，黑猩猩会借助于工具来获取食物。例如，它会用树枝从蚁穴里勾蚂蚁吃，也会用木棒从土中挖食物吃。人们还发现，黑猩猩为了喝到洞穴里的水，会把树叶嚼成像海绵的东西，用它从洞穴里蘸水喝。黑猩猩不高兴时会发怒，高兴时会相互拥抱。更令人称奇的是，黑猩猩的同伴死亡后，黑猩猩会用树枝把同伴尸体掩盖。有人认为，黑猩猩的这些行为只是它本能的表现；也有人认为，黑猩猩拥有类似人类文明的社会行为。

在热带森林里，还有许多别的动物，如河马、水牛、野猪、长臂猿、犀牛、松鼠、孔雀、鹦鹉、蟒蛇等，它们共同构成了生机勃勃的热带森林动物世界。在这个动物世界中，还有许多秘密有待于人们去发现，去探索。

茫茫沙漠和极地环境中有没有生物?

沙漠地区气候非常干旱。这里白天烈日高照，气温急剧上升；等到太阳落下后，气温又快速下降。这里还多大风和尘暴，环境条件十分恶劣。一些大沙漠中沙丘连绵不断。这些沙丘一般高 100 ～ 150 米，有的超过 200 米。沙漠是沙的海洋，是干旱气候的象征。那么，在茫茫沙漠中，有没有生物呢?

有人曾把我国的塔克拉玛干沙漠称为"死亡之海"。从 1987 年起，我国组织科研人员对塔克拉玛干沙漠进行了长达数年的大规模考察，结果发现，这里有 73 种植物，277 种脊椎动物和不少微生物。有一些河流伸入到沙漠内部，河边生长着胡杨林和红柳灌丛。沙漠植物对干旱环境有很强的适应性，它们根系发达，可以从地下水中吸取水分。有的叶子缩小或退化呈鳞片状或成为刺，以减少蒸腾。有的具有肉质茎叶以贮存水分。一些沙漠植物看上去像枯死了一般，但当它遇上一年中屈指可数的几场下雨时，便会很快长出绿叶。一些

塔克拉玛干沙漠

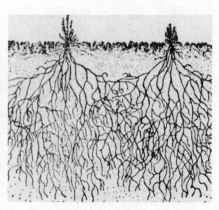

根系发达的骆驼刺适应干旱气候

沙漠之舟：骆驼

沙漠植物在一年中仅有的一两场雨中，能迅速发芽、生长，当底下土地还没有变干之前，就已完成了整个生命周期，把种子又撒落到地下。沙漠动物有沙鼠、野兔、黄羊、麻雀等。野骆驼、白鹳是珍稀动物，它们也出没在这茫茫沙海中。

骆驼具有适应沙漠环境的特殊本领。骆驼能够反刍，当它吃饱喝足后，能够长时间不吃不喝，具有很强的耐饥渴的能力。骆驼蹄扁平，适宜在松软的沙漠中行走。骆驼有双重眼睑，这使它不怕风沙。骆驼嗅觉灵敏，能够嗅出远处的水源，这对于在沙漠中生存也是至关重要的。骆驼还具备预感大风即将到来的能力。因此，当人们要穿越沙漠地带时，常常需要与骆驼同行，让骆驼给人背上食物和淡水。故骆驼有"沙漠之舟"的称号。

沙漠里的动植物在长期的进化过程中，具备了适应干旱环境的生存本领。同样道理，在其他一些恶劣的环境中，往往也有生物生存。例如，在北极地区，就生活着一些耐寒能力特别强的动植物。

在西伯利亚、阿拉斯加和加拿大的北冰洋沿岸地区，气候十分寒冷。一年中大部分的时间里，这里气温低于零摄氏度。在西伯利亚北冰洋沿岸勒拿河下游一带，1月平均气温在 -40℃ ~ -38℃，最冷时能达到 -55℃以下。一年中只有 1 ~ 4 个月的月平均气温为 0℃ ~ 10℃。这里全年多大风，大风常常把积雪一扫而空，露出大片裸地。

北冰洋沿岸地区主要的植物是苔藓和地衣，此外，还有些草本植物、低矮灌木和垫状匍生性植物。在 7 月份，苔原迎来了一年中最美丽的时光。白色的、黄色的、粉红色的各类花朵开满大地，一派生机勃勃的景象。地衣生长十分缓慢。地衣的大小和覆盖程度，指示了地表没有冰川覆盖时间的长短。因此，人们利用地衣测定当地冰川退缩的年代。

北极熊是大陆冰原边缘地区的一种大型哺乳动物。它有厚厚的保暖的毛皮，以抵御这里寒冷的气候。它淡浅的体色，与冰雪颜色相近，以利于它的伪装。它在浮冰上活动自如，以海洋生物为食。当海豹在岸边懒洋洋地卧地休息时，北极熊会悄悄地接近。由于北极熊身上的皮毛与冰雪颜色相近，海豹往往没有发觉危险正在来临。等到海豹意识到北极熊到来时，往往为时已晚。这时候，

鄂温克孩子骑驯鹿

北极熊已经咬住海豹，享受一顿美餐了。

　　苔原地带还生活着大群的驯鹿。驯鹿的毛分为内外两层，内层的毛浓密而柔软，且厚度较大，起到保温作用；外层的毛则又粗又长，使其能够抵御风雪。驯鹿的毛皮之下还有很厚的脂肪层，使其能够在极度寒冷的气候条件下生存下去。驯鹿是季节性的迁徙动物。在迁徙过程中，它们常常遭受狼群的袭击。狼群把病弱的驯鹿吃掉，其后果是，健康善跑的驯鹿得以生存，从而保持了驯鹿种群的健壮。这里还有一种动物叫做旅鼠。它繁殖很快，一段时间后常因旅鼠数量太多而造成食物不足。这时候，一种奇怪的现象发生了，旅鼠会突然大量地死亡。最后，旅鼠的数量又与这里的食物保持了平衡。至于旅鼠为什么突然之间会大量死亡，至今还不是很清楚。或许，这也是自然界生物链自动调节的结果吧。

　　总之，在极度干旱或非常寒冷的环境里，动植物均有一种很好的适应环境的本领。可以这样认为，在漫长的动植物进化过程中，不能适应环境的物种就逐渐消失了；能够延续至今的物种，均有一种与其生存环境相适应的特殊本领。这就是达尔文所说的"物竞天择，适者生存"。

非洲的野生动物园

在非洲肯尼亚、坦桑尼亚等国家，你可以见到面积从几千平方千米到几万平方千米不等的野生动物园，可以见到许多不同种类的动物。

在非洲的草原上，生活着许多美丽的斑马，身上有黑白分明的美丽条纹。它们悠闲地漫步，低头吃草。若遇到危险，斑马会快速逃跑，逃跑时的速度可达到每小时 60 ～ 70 千米。

角马长有长长的鬃毛，它们的角向下弯曲，十分特别。当南半球草原处于湿季时，大群大群的角马啃吃着青草，享受着这大自然的馈赠。当南半球

斑马

长颈鹿母女

草原到了旱季时，角马群就开始向北迁徙。迁徙的角马数量常常超过100万头，长长的迁徙队伍不见尽头，颇为壮观。等到南半球草原迎来湿季，新草长出之时，角马群又不远千里回来。在迁徙途中，角马群时常受到狮子的袭击，其中老弱病残的角马来不及逃跑就被狮子吃掉。这种动物之间的追杀撕咬尽管十分残酷，但这样也保证了幸存的角马种群的健壮。

长颈鹿是热带草原上又一很有特色的动物。它长有长长的头颈，能够啃食高处的树叶和嫩枝。别看长颈鹿咀嚼食物慢条斯理的样子，若遇到危险，长颈鹿能够迅速奔跑。目前，长颈鹿已经数量不多，属于已濒于灭绝的动物。

在非洲大草原上，有时候还有幸见到猎豹。猎豹最奇特之处是它非常快的奔跑速度，它的速度达到每小时 110 千米，与快速行驶的火车相似。猎豹头小，腿长，脊椎骨柔软，在高速奔跑时，其后爪能够伸到前爪之前，从而使其跑得特别快。猎豹捕获猎物之后由于快速奔跑消耗体力很大，必须休息片刻。此时，狡猾的狮子、鬣狗之类会尾随着猎豹，毫不客气地把猎豹辛苦得来的食物抢走。猎豹此时体力尚未恢复，只能眼睁睁地看着自己的食物被抢走。

非洲草原上为什么有这么多的动物呢？

这首先要从非洲的自然环境说起。非洲有面积广大的热带草原。热带草原和热带疏林的面积占整个非洲面积的 40%。大量的青草为食草动物提供了充足的食物，因此，非洲羚羊、斑马等食草动物数量巨大。狮子、鬣狗、猎豹等是食肉动物，它们以食草动物为食物。这样，在非洲，形成了以草—食草动物—食肉动物为食物链的生态系统，食草动物多，造成了食肉动物也多。

非洲的野生动物园每年吸引大量外国游客。在有些野生动物园还开设"树顶旅馆"。这"树顶旅馆"一般建在水池旁边。每当夜幕降临，野生动物便三五成群来水池饮水。此时，游客可以在树顶居高临下地仔细观察动物。这种"树顶旅馆"很受外国游客的欢迎。这些国家也因为开设野生动物园而赚取不少的外汇。

澳大利亚的动物

澳大利亚有袋鼠、树熊等多种特有的动物，这些动物每年吸引大量外国游客前去观赏。澳大利亚人还放牧大群大群的绵羊，这些绵羊也给澳大利亚人带来巨大的经济利益。澳洲大陆是众多动物的乐园。

袋鼠是澳大利亚最为著名的特有动物，澳大利亚国徽上就有一头袋鼠。袋鼠两条后腿壮实有力，它能跳跃前进，速度很快，每小时可达 60 千米。袋鼠的前脚短小，用于吃食和梳理皮毛。袋鼠的尾巴也有自己的功能，在快速奔跑时，尾巴起到平衡作用。袋鼠种类较多，共有 40 多种，其中大袋鼠和红袋鼠个体大，有 2 米多高。在夜间，袋鼠见到汽车灯光以为是敌人袭来，会奋起与汽车相撞。因此，在袋鼠出没之地常可见到一些警示牌，提醒驾驶员减慢车速，避免撞上袋鼠。小袋鼠出生后一直在母袋鼠袋中生活，大约 200 天以后才离开母体育儿袋。

鸸鹋是澳大利亚另一著名的特有动物，在澳大利亚国徽的右边便是一头鸸鹋。鸸鹋有 1 米多高，体形大。它翅膀已退化，不能飞翔，但善于奔跑。它脖子细长，腿也细长，性情温和，下的蛋大约有 15 个鸡蛋的重量。

鸭嘴兽是澳大利亚另一特有动物，雄的有 50 多厘米长，雌的略小，腿短，趾间有蹼，善游泳。它最奇特之处是，它既是卵生的，又是哺乳的。过去人们一直认为，吃奶的动物是胎生的，而从蛋中孵化出的卵生小动物是不吃奶的。这条常识被鸭嘴兽打破了。当鸭嘴兽的标本在英国伦敦展出时，引起了当时科学界的震惊，最后，人们把它叫做"卵生哺乳动物"。它在动物分类学上有特殊的地位。

树袋熊

　　树熊，又称袋熊，也是澳大利亚一种特有动物。树熊长着圆眼睛，短耳朵，总是面带笑容，深受澳大利亚人喜爱。树熊身长 50 ～ 60 厘米，性情温和，动作笨拙，它吸食桉树叶中的水分，故一直生活在树上而不需要下地找水喝。小树熊出生后，要在母树熊袋里生长一段时间。

　　澳大利亚还有许多种别的特有动物。那么，为什么澳大利亚有这么多的特有动物呢?

　　远在 2.2 亿年以前的三叠纪时期，地球上各大陆几乎是连在一起的。当时气候温暖，原始的哺乳动物开始产生并得到发展。到了中生代末期，各大陆逐渐分离。第三纪以来，澳大利亚大陆与其他大陆隔开了。因此，当北方大陆的近代哺乳类动物获得发展之时，澳大利亚仍是有袋类动物占统治地位。澳大利亚与其他大陆分离之后，没有经历人规模的冰川运动，加上在澳大利亚大陆上没有大型真兽类动物与有袋类动物竞争，因此，澳大利亚得以保存下来许多世界上珍贵的原始动物。而在世界其他一些地方，由于大型食肉类动物出现，把有袋类动物消灭了。因此，澳大利亚的这些原始动物成为了澳大利亚现今的特有动物。

　　在澳大利亚辽阔的草原上，还有大群大群白色的绵羊。蓝天白云下，一望无边的草原上，成千上万的绵羊或低头吃草，或悠闲地晒太阳。澳大利亚是世界上最大的羊毛生产国和出口国，羊毛给澳大利亚人带来了滚滚财源。为什么澳大利亚的牧羊业获得如此成功呢？

　　澳大利亚发展牧羊业有诸多有利条件。其土地面积广大，而草原面积占到全国土地总面积的一半以上，这为羊群提供了丰富的食物来源。澳大利亚地下水资源十分丰富，这又为羊群提供了优越的饮水条件。澳大利亚人少地多，农业劳动力较少，牧羊业相对比较节省劳力。尤其值得一提的是，澳大利亚的绵羊大多属于美利奴细毛羊。这是一种经长期选种培育养成的优质细毛羊，产毛量比一般绵羊高得多，而且毛质细长、柔软而有光泽，在国际市场上享有盛誉。所有这一切，使澳大利亚牧羊业规模庞大，成为世界上最大的羊毛生产国和出口国。

为什么南大洋生活着许多鲸？

南大洋是环绕南极大陆的广阔水域。它的北部边界大约位于南纬 38° 至南纬 42°，整个水域面积广大，约为 7700 万平方千米。南大洋水温比较低，一般都在 2.5℃以下。但是，这里却生活着许多鲸。一个世纪以前，南大洋须鲸的总数大约为 100 万头。1904 年出现对鲸的过度捕捞后，到 20 世纪 30 年代，其总数下降为 34 万头左右。

虽然一些人把鲸叫做鲸鱼，其实，鲸不是鱼，它属于哺乳动物。鱼类是用鳃呼吸的，而鲸是用肺呼吸的。鲸在水中游了一阵之后，要浮到水面上来，利用长在其头部顶端的鼻子，呼出废气，吸入新鲜的空气。

鲸是目前世界上最大的动物，体长从 1 米多到 30 多米。大的鲸体重超过 100 吨，其体重为陆地上最大的动物象的 20 多倍。有一些小鲸一生下来就有好几米长，有好几吨重。

鲸可分为两大类。一类叫齿鲸，它们口中长着牙齿，以捕食大型动物为主。其中，逆戟鲸是十分凶猛的，它们吃海豹、企鹅、大鱼。就连凶残的鲨鱼，也时常成为逆戟鲸的食物。有人在海上还见到过一群强悍的逆戟鲸向身体比它们更大的蓝鲸发起攻击，把蓝鲸身上的肉大块大块撕咬下来，鲜血直流。鲸的另一大类叫须鲸。它们口中不长牙齿，但却有许多须片。须鲸捕食也很有意思，它大口大口吞进含有磷虾等小生物的海水，又把海水吐出，而它口中的须片则把磷虾等留下，磷虾等小生物就这样成为须鲸的食物。

鲸能适应南大洋低温的环境，是由多种因素决定的。鲸的皮下脂肪丰富，有利于保持体温。鲸个体庞大，这样，单位体积的相应表面积就比较小；它通过表面散热损失的热量也因而比较少，这就更加有利于它保持体温。南大洋生活着大量鲸的十分重要的原因，是鲸的食物来源很丰富。这里有着数量巨大的磷虾，有人估计，磷虾的数量为 1.5 亿～10 亿吨。磷虾营养丰富，含有高蛋白，极适宜鲸补充能量。

由于鲸的肉可以食用，鲸的脂肪可以制油、用于医药和其他一些工业部门，因此，一些人大肆捕杀鲸，使海洋中鲸的数量急剧减少。如今，有些鲸的种类已濒临灭绝。例如，躯体巨大的蓝鲸，现在已经快要绝迹了。

鲸应该是人类的朋友。地球上任何一种物种的消失，都可能给人类带来无法弥补的巨大损失。为了有效地保护鲸，有人提议，旅游部门可以推出海上观鲸旅游项目，让游客在鲸出没的海域进行观赏。这样，不但可以满足人们的好奇心，而且可以增进人们对鲸的了解，从而使更多的人懂得保护鲸的重要意义。

磷虾是世界上尚未开发的藏量极为丰富的生物资源，被誉为"世界蛋白质仓库"。有人建议，为满足不断增长的人口的食物需要，人类应开发磷虾这一生物资源。但也有人指出，若人类大量捕捞磷虾，可能会造成鲸的食物不足，因此，人类还是应该谨慎从事，不能轻易打破南大洋的生态平衡。

奇怪的动物行为

不少动物有一些奇怪的行为，如鲸自杀、海豚救人、鸟类导航等，人们对此历来表现出极大的兴趣。许多科学家千方百计地寻找造成动物奇怪行为的原因，也取得了一定的成果。现在，我们分别来看看这些奇怪的动物行为。

在美国、加拿大、新西兰、斯里兰卡等地的海滩，均发现过大群大群的鲸冲上海滩，集体"自杀"的事件。人们试图把搁浅在海滩上的鲸拖回大海，但是，被拖到水里的鲸又不顾一切地向岸上冲来，最后，大群的鲸全部在海滩上被活活干死。海滩上横七竖八地躺着许多死去的鲸，少则几十头，多则上百头。1946 年 10 月 10 日，在阿根廷的一处海滩，一次竟有 835 头伪虎鲸冲上海滩，被活活干死，惨不忍睹。人们不禁要问，鲸为什么要集体"自杀"呢？

有人认为，鲸是为了捕食，不幸误入浅滩；也有人认为，鲸群中的领头鲸发生了精神错乱，把鲸群引向了浅滩。但是，这些说法均缺乏足够的事实依据。后来，有科学家对鲸的生活习性进行了仔细的观察，发现鲸的视觉不发达，无法看清远处的东西。它在水下若要知道前面有无障碍物，是通过发出一种特殊的超声波。若前面有障碍物，超声波就会反射回来信号。鲸能够十分敏感地接收这些信号。这样，它能够判断出水中目标的方位。我们把鲸的这种本领叫做回声测定本领。

在一些沙滩和淤泥质海滩，坡度十分平缓，当鲸发出的信号到达缓倾的海底，就被明显地减弱了。若遇到狂风暴雨的日子，泥沙物质连同气泡一起从海底浮起，更是严重干扰了鲸的回声测定。于是，鲸接收不到回声，迷失了方向，胡乱地冲上了海滩。而且，当一头鲸因此在水中迷失方向、陷入绝境时，它会发出求救的信号。别的鲸收到这种求救信号后，会大群大群地游来，试图拯救自己的同类。它们前仆后继，勇往直前，结果造成许多鲸一起陷入困境，最后酿成可悲的集体死亡的后果。

另一个动物的奇怪行为，是海豚救人的行为。人们多次看到有海豚将不慎入水者顶托起来，最后使落水者得救的报道。有一次，有人驾驶着游艇到了海上，恰遇风暴，巨浪把游艇掀翻，人被抛入海中。接下来，奇怪的事情发生了。落水者发现自己不断地被一群海豚往上推，如此，整整持续了一昼夜。直到落水者被一艘快艇救起，这群救人的海豚才游向别处。又有一次，一对夫妇驾驶着小艇在海上游览，突然，小艇的发动机坏了，于是，小艇失去了动力，随风漂流，离海岸越来越远。此时，这对夫妇发现了一个可怕的情况，一群鲨鱼把小艇团团围住。鲨鱼在小艇周围游来游去，试图寻找机会向小艇发动攻击。在这危急关头，一群海豚出现了。它们奋力赶走了鲨鱼，接着，连续好几天护卫着小艇，不让鲨鱼靠近。一天，终于风向变了，小艇随风漂流到岸边，这对夫妇得救了。这时，那群海豚才依依不舍地离去。

那么，海豚为什么会救人呢？

人们经过仔细观察，发现海豚的这种行为是出于一种本能。人们发现，海豚会把已经死亡的海龟，不停地往上推，而且这种行为会连续好多天。由于海豚的这种行为，在国外，有人让小孩与海豚一起在水中游玩。当小孩在水下时间稍长时，海豚就会把小孩推出水面。有时，小孩还能骑在海豚身上游玩。有人认为，患脑瘫的小孩与海豚相处一段时间之后，病情会有所好转。我国也开始了让患脑瘫的小孩与海豚经常相处的试验。

我们再来看鸟类的迁飞。在我国，每年秋天，许多鸟类飞往南方越冬；第二年春季，又飞回了它们的老巢。鸟类如此长途飞行而不迷航，还能够准确飞回老巢，鸟类的这种本领一直引起人们极大的兴趣。有报道，一只上海的鸽子在石家庄放飞后，飞行上千千米，最后回到了上海老巢。有一种英国的海鸟，在非洲北部放飞后，飞行 14 天，行程 6000 千米，最后也回到了英国的老巢。鸟类为什么能够长距离飞行不迷航呢？

人们长期以来一直在探索这个问题的答案。有人认为，鸟类生来就有找回老巢的特殊本领。但是，这样的回答还不能令人满意，因为它没有说明鸟类为什么能够辨别方向。后来，随着通讯技术的进步，人们在鸟的身上放置了微型发报机，这样，鸟类的飞行时间、路线等信息被人们了解了，从而揭开了鸟类行为研究新的一页。

人们发现，鸟类在飞行时，具有多种识别方向的能力。一种是根据视觉识别方向的能力。许多鸟类是沿海岸线和大江大河飞行的，而海岸线和大江大河是最易在空中通过视觉加以识别。我国的家燕，每年北飞时，先沿着海岸线北上，再顺长江、黄河等河流飞往内陆地区，最后找回老巢。鸟类另一种识别方向的办法是白天根据太阳的位置，晚上根据星星的位置。一些鸟类在大海上空飞行时，也具有卓越的方向识别能力，这是无法用视觉识别方向能力所能解释的。人们通过观察发现，一些鸟类在白天对太阳、在夜间对天空中某些特定的星座，具有一种与生就有的行为反应。有一种鸟叫做椋鸟，每当迁飞季节到来时，养在笼中的椋鸟会显得烦躁不安，不断展翅撞向笼壁，而撞击的方向正好是其飞行越冬的方向。但是，椋鸟的这种撞击行为，只发生在它见到太阳的时候。若把椋鸟移至室内，它的这种撞击行为就停止了；而若用反光镜把阳光射入的方向转移，椋鸟撞击笼壁的方向也会发生相应的转移。于是，人们认为，一些鸟类是利用太阳的位置来识别方向的。人们再用天空中的一些星座进行类似的试验，发现另一些鸟类对某些星座，尤其是北极附近的星座特别敏感，它们在夜间是利用天空中的星座来识别方向的。

但是，在阴天的白天，天空中既没有太阳，更没有星星，鸟类在大海上空飞行，还是能够准确无误地识别方向，这又该作何解释呢？原来一些鸟类能够利用地球的磁场来识别方向。有人还进行了试验。他们把铜棒和磁棒分别绑在两组鸽子的身上。结果，绑铜棒的鸽子不管是晴天还是阴天，均能返回老巢。而绑磁棒的鸽子，只有在晴天能够返回老巢。而在阴天，它们迷失了方向。对此，可以解释为，在阴天时，鸽子利用地球磁场来辨别方向，而其身上的磁棒干扰了地球磁场的方向，最后导致它们迷失方向。

还有一些动物在地震之前会产生一些异常的行为。例如，人们发现，震前动物有预兆：大猫衔着小猫跑，牛羊骡马不进圈，鸟雀惊飞不回巢，兔子竖耳蹦又撞，鱼儿惊慌水面跳，鸡飞上树猪乱拱，鸭不下水狗狂叫。为什么在地震之前，动物会产生一些异常行为呢？

人们至今尚不十分清楚动物在地震之前产生异常行为的原因。有人认为，震源区的岩石在强大的地应力的作用下，会导致声、光、电、磁和热等物理现象的异常。一些动物能够感觉到这种异常，并产生本能的烦躁不安的反应。例如，人耳对2万赫兹以上的超声频率和20赫兹以下的次声频率不产生反应，但一些鱼类却对它们十分敏感。1979年7月8日早晨，江苏金坛县城有人发现鱼缸中的金鱼不断翻滚跳跃，有的甚至跳出缸外。次日下午6时多，便发生了溧阳6级地震。还有记录说，在意大利的西西里岛，有人发现，在地震发生之前，猫身上的毛直竖，背上放出火花。这可能是地震之前空气带电的现象。当然，引起动物行为异常的原因比较多，如饥饿、生病、发情等。因此，对动物的异常行为，还需要作具体的分析。

以上讨论的仅是动物一部分奇怪的行为。还有许多动物的奇怪行为，有待于我们去发现，去研究。

环境变化和动物灭绝

　　在距今 2.25 亿至 0.70 亿年的漫长时间里，地球上曾生活着许多大大小小的恐龙。大的恐龙体长超过 20 米，体重达几十吨，是地球上的庞然大物。恐龙有许多种类，有的头小颈长，性情温和，以植物为食；有的则头大颈短，牙齿锋利，性情凶猛，善于攻击，专吃其他动物。我国在今四川、山东、西藏等地，均发现有恐龙的化石。可以认为，那时候，世界上许多地方均有恐龙活动的足迹，也有人把当时的世界叫做"恐龙的世界"。这一地质时期，叫做中生代。

　　但是，到了中生代末期，地球上大量的恐龙却突然绝迹了。这个现象，引起人们不少的猜测。有人认为，由于恐龙身体庞大，需要消耗大量的食物，当恐龙数量太多时，地球上的食物无法供养这么多的恐龙，于是，恐龙灭绝了。也有人认为，这可能是一场恶性传染病导致了恐龙家族的灭亡。而更多人认为，当时发生了巨大陨石撞击地球的事件，再加上地球本身火山喷发活跃，使大量的尘埃物质弥漫在空中，造成太阳光被大量反射，结果，地球上一片天昏地暗，地面气温急剧下降，从而造成大量植物死亡。先是以植物为食的恐龙被饿死，随即食肉的恐龙也相继死去。最后，整个恐龙家族在地球上灭绝了。目前，关于恐龙火绝的原因尚有一些不同的看法，但是，有一点是人们普遍承认的，这就是自然环境的剧变导致了恐龙的灭亡。

　　今天，地球上许多种动物，其数量也在急剧地减少，有的甚至到了灭绝的边缘。这又是怎么造成的呢？

　　今天，一些动物数量锐减，是由于人类对这些动物的滥捕滥杀。据海洋学家考证，北极地区曾经有过许多企鹅，可是自16世纪起，人们发现企鹅的肉可以食用，企鹅的羽毛可以制成保暖的床垫，于是，人们开始大量捕杀北极企鹅，时至今日，北极企鹅已被人们斩尽杀绝。今天，海洋中的一些鲸类又开始重复着昔日北极企鹅的命运。一些人为了一时的经济利益，大肆捕杀鲸类，使躯体巨大的蓝鲸已经十分少见，其他一些鲸类数量也大大减少。近海的一些鱼类，也由于人们过量的捕捞，使其数量锐减。例如，我国的舟山渔场，曾经盛产大黄鱼，历史上大黄鱼年产量曾经达到20万吨。大黄鱼体大、肉嫩、味美，是餐桌上的美味佳肴。于是，人们过量捕捞，结果造成大黄鱼数量急剧减少，且多年无法恢复。

还有一些动物数量减少，是由于其生存环境遭受破坏。我们知道，由于人类生产规模的扩大，人类对自然的干预越来越强烈，结果，许多动物由于其生存的环境被破坏而逐渐在地球上消失了。在非洲和东南亚的热带森林里，曾经有过许多大象。后来，由于人口增多，人们就砍伐了大片的森林，种上庄稼，这样，大象的生活空间越来越小，大象数量也逐渐减少。近些年来，因一些人非法猎杀大象以获取珍贵的象牙，大象更是遭受灭顶之灾，数量锐减。现在，

企鹅

丹顶鹤

非洲和东南亚大象数量已经很少了，一般只有在保护区里，才能发现大象的身影。

丹顶鹤的遭遇与大象有些类似。丹顶鹤是一种异常美丽的鸟纲鹤科动物，它羽毛多为白色，头顶皮肤裸露，呈朱红色，体态优雅，常悠闲地在近水浅滩迈步觅食。由于它出众的美丽和洒脱，我们的祖先把它叫做"仙鹤"。每年的10月底，丹顶鹤要从其故乡黑龙江的扎龙，飞到江苏的盐城一带越冬。但是，近年来一些丹顶鹤在快要到达盐城上空时，却纷纷从空中掉下来摔死了。为什么呢？原来，丹顶鹤是沿着海岸线南飞的，昔日的沿海湿地，今天却盖起了新楼，出现了大片大片的别墅区。这样，长途飞来的丹顶鹤，难以在途中找到湿地栖息，以补充食物和水，最后，由于饥饿和干渴，耗尽了最后一点体力，从空中摔到了地上。

　　还有一些动物是由于中毒而死亡的。1960 年，在美国加利福尼亚东北部的一个地方，有几百只水鸟死亡。人们感到奇怪，就对死去的水鸟进行解剖。结果让人们大吃一惊：水鸟脂肪中 DDT 的浓度竟是附近湖泊水中 DDT 浓度的 77 万倍！这是怎么造成的呢？原来，湖水中 DDT 含量本来很少；但是，生活在湖中的藻类使 DDT 第一次在其体内富集；而以藻类为食的无脊椎动物又使 DDT 第二次在其体内富集；石斑鱼以无脊椎动物为食，使 DDT 在其体内产生了第三次富集；最后，以鱼类为食的水鸟，使其体内的 DDT 产生了第四次富集。这样，通过食物链的作用，DDT 浓度急剧上升，最后导致位于食物链顶部的鸟类中毒死亡。科学家还警告人们不要食用鲨鱼，因为鲨鱼也位于食物链的顶部，其体内汞的浓度相当高。人若食用鲨鱼，有可能导致摄入过量汞的生命危险。

　　此外，还有一些动物是由于人类的一些意外事故而死亡的。当油轮由于碰撞、触礁等原因造成海上石油泄漏后，会对海鸟造成致命的危险。因为泄漏的石油会在海面上形成面积广大的油层，海鸟若被沾上油污，就失去了飞翔能力，最后，成千上万的海鸟会因此而被饿死。

　　我们应该知道，每一个物种，都可能对人类的健康和发展带来巨大的益处。每一个物种的消亡，对人类造成的损失往往是无法估量的。例如，近年来，人们发现海洋中的鲨鱼从来不会得癌症。若人类能够揭开其中的奥秘，并研制成相应的药品，就可能会给千万个癌症患者带来治愈的希望。在此之前，谁会知道鲨鱼具有这么一种价值呢？今天，我们又怎么能够断定，地球上的其他物种，不存在类似的或更加宝贵的性能和更加巨大的利用价值呢？为了更加美好的明天，人类一定要善待各种动植物，保持地球上生物的多样性。

奇特的植物

到过南美洲热带草原的人，无不为那里形态独特的纺锤树叫绝。纺锤树高达 30 米左右，中间粗壮，其直径可达好几米，两头则比较尖细。纺锤树就像一只只腹大口小的巨瓶，屹立在宽阔的热带草原上。纺锤树的这种形态，是它长期适应当地自然环境的结果。我们知道，热带草原地区有明显的干季

纺锤树

和湿季。当湿季来临时，纺锤树巨瓶般的树干就开始把大量的水分贮存于体内，最多时其贮存的水可达到 2 吨上下，简直成了一个"天然贮水器"；到旱季时，其他草木因缺水而显得一片枯黄，而纺锤树则依靠体内贮存的水分维持着勃勃生机。

在非洲的热带草原，你又可以见到另一种体型巨大的树，叫做波巴布树。这种树高约 25 米，但树干很粗，直径可达到 10 米左右，树冠的直径则可以达到 100 米。远远望去，波巴布树就像草原上的"巨人"。波巴布树也具有抵御干旱环境的特殊本领。它在一年中的湿季吸足了水分，把大量的水分贮藏于体内；在炎热干燥的干季，它逐渐消耗体内的水分，从而在干湿季分明的特殊环境中生存下来。波巴布树还是一种长寿树木，树龄可达四五千年。波巴布树果实呈长椭圆形，汁多而味美，猴子喜食，故波巴布树又被叫做"猴面包树"。

在南美洲亚马孙平原的热带雨林中，有一种非常高大的树木，叫做巴西樱桃果。它树高达到 80 米，相当于 30 层楼房的高度。这种特别高大的树木，也是它多少年来适应热带雨林环境的结果。热带雨林地区终年高温多雨，故植物四季葱绿繁茂。许多种类的乔木、灌木、草本、藤本以及附生植物，组成了多层次的郁闭丛林，一般有 4～5 层次，多的达到 11～12 层次。许多乔木为了争取多获得一点光照，便力图向上生长。它们树干少分枝，树木高大。樱桃果树不仅高大，而且结的果实含油量很高，可食用，故经济价值很大。

在澳大利亚，有许多种桉树。其中有一种杏仁桉，平均高度超过 100 米。最高的一棵杏仁桉高达 155 米，是世界上最高的植物。桉树不仅高，而且树干直，它们也是澳大利亚的一种重要景观。桉树叶子小，使它可以减少因蒸腾而损失的水分，加上它吸水能力强，这样，就能够在比较干旱的环境中生存下来。桉树生长特别快，不出十年，幼苗便蔚然成林了。桉树叶子含有一种散发香味的油分，可以制桉叶糖或用于医药业。

在我国青藏高原 4000 米以上的高山上，我们又可以见到一批紧贴着地面生长的植物，它们叫做垫状植物。青藏高原地势高，气温低，昼夜温差大，多大风和冰雹，土层又薄，自然环境恶劣，一般植物难以在这里生长；而垫状植物具有适应此环境的特殊本领。它们紧贴着地面生长，根系发达，能够牢牢"抓住"底下的土，故它们不怕狂风，也能从土中吸取水分。它们一个个呈垫子状或半球突起状，致密、柔软而富有弹性，这使它们能够抵御高原上冰雹的袭击。这些垫状植物开放着许多美丽的小花，如开着白花的簇芥、黄花的虎耳草、红白相间花的点地梅、蓝紫色花朵的黄芪，还有遍体通红的红景天，它们把高原打扮得十分漂亮，也向人们展示着它们对高寒环境极强的适应性和顽强的生命力。

上述植物或形态独特，或生性特殊，这些均是它们适应自然环境的结果。多姿多彩的植物，生长在多种多样的地理环境中，反映着植物与其环境的内在联系和相互协调。

地理环境的一面"镜子"

在一望无边的大沙漠中，如何能够找到宝贵的地下水资源？有经验的探查人员懂得寻找地下水的许多方法，其中之一就是利用植物来寻找地下水。在沙漠中，他们寻找胡杨、骆驼刺等植物。如果某地有一大片这类植物生长，则表明地底下有可能埋藏着数量可观的地下水资源。因为这些植物根系十分发达，它们的根可以深入到地下 10 多米的深处，从那里吸取生长所需的水分。因此，这些植物常常成了在沙漠中寻找地下水的"标志"。

我们知道，在不同的环境下，往往生长着不同的植物；因此，不同的植物往往也反映了不同的环境。有人认为，植物是地理环境的一面"镜子"。那么，是不是所有的植物都具有这一种"镜子"作用呢？植物能够反映出哪些不同的环境呢？

一些植物分布广泛，如稗草、双叶茅等在许多地方都能生长，人们把它们叫做广域植物。这些植物对环境的要求不严格，因此，难以用它们来反映特定的环境。还有一些植物则对环境的要求相当严格，它们只生长在特定的环境之中，因此，人们把它们叫做狭域植物，它们对环境有很好的指示作用。人们由此把植物称作地理环境的一面"镜子"，也有人把一些植物叫做"环境的指示器"。

油棕、可可、咖啡、金鸡纳树等只能在热带气候条件下生长，因此，这些植物的群体能够指示热带环境。苏铁、蒲葵、木棉、九节木等植物只生长在亚热带，它们可以指示亚热带环境。铃木、天竹桂、桢楠等可以指示暖温带环境。山毛榉、刺秋、峰槭等则是寒温带的指示植物。如果我们见到一大片塔藓、曲调冷杉、马氏冷杉等植物，则表明我们已处于亚寒带的环境之中。

有一些植物能够反映土壤水分的情况。例如，三芒草属和针茅属植物生长在干旱的土壤之上；芦苇则反映水湿的环境。胡杨、沙枣、骆驼刺等植物能够指示地下有淡水，而盐穗木、盐节木等植物则指示地下有咸水。因为这些植物依靠异常发达的根系，都能从地下深处吸取水分。

另一些植物，如铁芒萁、映山红、石松等，只生长在酸性土壤之上，因此，它们能够指示酸性土壤。碱蓬、大花罗布麻等植物则只在盐碱土壤上生长，故它们成了盐碱土壤的指示植物。

还有一些植物对大气污染物十分敏感。若大气污染物达到一定的浓度，即使这个浓度还很低，它们也会表现出受害的症状。因此，人们用这些植物来监测大气的污染状况。大麦、棉花、芥菜、天竺葵、木槿、矢车菊、云杉等对二氧化硫敏感；油菜、水仙、风信子、马兰、燕麦草、仙客来、唐菖蒲等对氟化氢敏感；鸡冠花、女贞、云南松等对氯气敏感；蚕豆、大豆、玉米、土豆、烟草、葱、花生、樱花等对光化学烟雾敏感。当其中某一种植物受害枯萎时，就相应表示某一类气体含量超标。因此，人们在交通繁忙的大城市里，在一些化工厂、钢铁厂里，种上不同种类的对大气污染物敏感的植物，用以监测大气污染状况。

人们还发现，有一些植物对矿物元素有特殊的需要，它们的生长状况往往表明地底下有某种矿产资源的分布。在美国的蒙大拿州，有人发现某地有许多叫做卵叶绒毛蓼的植物分布，结果，在该地底下发现了银矿。在非洲的赞比亚，人们发现有一种植物，它树干挺拔，叶子对生，开着蓝色的花朵。而在这种植物生长的地底下，往往有铜矿存在。人们由此发现了一个富饶的铜矿。这种植物也被人们叫做"铜花"。

世界上植物种类繁多。现在，人们已经知道其中某些植物对环境具有很好的指示作用。在这个领域，随着研究的深入，还会有更多的具有环境指示作用的植物被人们发现。在人类保护和合理利用各类环境中，植物将会发挥更大的作用。

为什么图瓦卢要全国移民？

2001 年 11 月 15 日，太平洋西南部岛国图瓦卢领导人宣布，图瓦卢对抗海平面上升的努力已告失败，图瓦卢将放弃自己的家园。图瓦卢全国 1.2 万居民将全数移民至新西兰。图瓦卢由 9 个珊瑚小岛组成，面积 26 平方千米，出产鱼翅、椰子、香蕉等。为什么图瓦卢要全国移民呢？

图瓦卢全国移民的原因是全球气候变暖，导致海平面上升，这对地势低洼的图瓦卢来说，将会造成极大的生存问题。目前岛上已有许多坑洞被海水灌入，居民可居住面积越来越小。有人估计，图瓦卢的岛屿将在 50 年之内全部被海水淹没。面对这样的情况，图瓦卢不得不选择全国移民的办法。

有资料介绍，在过去的一百年中，全球陆地气温平均升高超过 0.5℃，而且高纬度地区增温现象十分明显，增温幅度大大超出全球平均水平。还有报道称，1998 年的全球平均气温比 19 世纪末高出将近 0.7℃。全球变暖问题引起人们很大的关注。世界气象组织在每年年终都发布公报，报道最新的全球气温观测记录。令人十分揪心的是，今后全球变暖趋势不仅将延续，而且增温幅度比以前明显加大。联合国关于气候变化政府间小组发布的"2001 年的气候变化：影响、适应能力与脆弱性"报告指出，从现在起到 2100 年，地球温度将上升 1.4℃～ 5.8℃。

近年来，人们也普遍感到冬天比较暖和了。实际上，我国自 1986 年以来，已连续出现了暖冬天气。2001 ～ 2002 年的冬季，苏州市的平均气温高于常年 2.7℃。2002 年 1 月 11 日至 15 日，苏州连续 5 天的平均气温在 10℃以上。苏州西山的梅花提前开放，茶树也提前长出了嫩绿的新芽。这种暖冬天气正是全球变暖的一个反映。那么，为什么人们十分关注全球变暖问题？全球变暖趋势将会给人类带来什么后果呢？

全球变暖会造成极地冰川大量融化，加上升温使海水体积膨胀，将会使海平面上升。有人推测，2100 年海平面将上升 0.3 ~ 1 米，这将对沿海居民造成极大的影响。据预测，如果海平面上升 1 米，可能会淹没孟加拉国 17% 的土地，大约使 1100 万人无家可归。在尼罗河三角洲，海平面上升 1 米也会使 600 万人流离失所。现在世界上人口超过 1000 万的大城市大多位于沿海地区，海平面上升将可能给这些城市造成巨大的危害。

全球变暖还会造成中纬度地区频繁受到热浪的袭击。这对生活在本来气温就比较高的大城市居民来说，危害就更大。上海的医疗机构发现，当上海的气温超过某一限度时，全市日死亡率便会急剧上升。国外也有类似的情况。1995 年 7 月美国芝加哥在 4 天的热浪期间，共有 726 人因高温而死亡。

此外，全球变暖还会造成大部分热带亚热带地区农作物减产；沙漠化面积扩大，使干旱地区的饮水问题更加严重；由于雨水增加和海平面上升，人类将面临更大的洪涝灾害；夏季空调使用量增加，导致能源消费量增加；热带的一些传染病可能威胁更多的人口。全球变暖已使一些地区受到了影响。例如，据中国科学院的监测，我国祁连山的冰川正以每年 2 ~ 16 米的速度退缩，雪线上升，使受冰川融水补给的河流径流量减少，发源于祁连山冰川的黑河出现了历史上首次长达 100 多天的断流，使河西走廊 400 多万亩土地的灌溉受到严重影响。

全球气候变暖也会给人类带来一些益处。例如，在严冬，因低温而引发的人畜死亡会有所减少；在一些纬度较高的地区，气温升高可能会带来植物较长的生长季节，有利于扩大耕作范围。但是，这些益处远远不足以弥补全球变暖给人类带来的危害。

为什么会造成全球变暖呢？

目前，据一些权威机构的研究，大气中二氧化碳含量增加是造成全球气候变暖的根本原因。二氧化碳对太阳辐射几乎不吸收，但它却能强烈吸收地面放出的热量，吸热后又把相当一部分热量返回给地面，因此二氧化碳对地面有保温作用。自工业革命以来，大气中二氧化碳含量一直在增加，到2030年，预计包括二氧化碳在内的温室气体浓度将为工业革命前的2倍。

也有人对二氧化碳含量增加是造成全球变暖主要因素的观点持不同意见。他们指出，近百年来大气层二氧化碳含量一直是上升的，但20世纪40年代后气温却有所下降，这用二氧化碳浓度增加造成增温的理论是无法解释的。在距今8000至6000年前，全球温度也曾上升3℃～4℃，这也不能用二氧化碳浓度增加来解释。他们认为，全球气温变化的影响因素很多，全球变暖的机制可能比人们想象的复杂得多。但是，目前许多学者还是赞成二氧化碳含量增多是全球变暖主因的说法。

人们能够做些什么，来制止或减缓全球变暖的趋势呢？

一是进行能源消费的改革，多用水电、核电，积极开发利用各种新能源，减少煤炭和石油的燃烧。二是大量植树造林。因为森林能够有效地吸收二氧化碳，据报道，每生长1吨木材，可吸收1.47吨二氧化碳。在20世纪70年代中期到90年代中期，我国的地面植被共吸收了近5亿吨的二氧化碳。另外，也有科学家提出，可将二氧化碳液化后注入海底岩石中，并进行了实践。这些，都是人类阻止全球变暖的不懈努力。

青少年为何会脱发？

在贵州省兴义地区灶矾山麓一带，人们发现了一个奇怪的现象：这里不少青少年小小年纪竟然发生脱发现象！这些小孩一开始感到头皮发痒和发热，接着发生脱发。人们四处寻找原因，后来经医生诊断，他们是因为铊中毒而发生了脱发反应。

这个地区有土法采矿遗留下来的矿渣，矿渣中含有一种叫做铊的元素。当雨水不断冲刷矿渣后，铊化合物被溶解在水中进入土壤，再进入水体。当人们饮用含铊的水和吃下含铊的水生生物时，就会发生铊中毒。铊中毒使人产生恶心、呕吐、腹泻、胸痛、呼吸困难等症状，还会造成青少年脱发。

铊属于一种重金属元素，其他重金属元素还有铅、汞、镉等。若人们摄入这些元素过量，也会造成严重的中毒现象。

目前，我国许多城市正在推广使用无铅汽油。那么，为什么要这样做呢？

铅是一种有毒的物质。当人们摄入较多的铅之后，铅就会在体内置换出骨中的钙。一开始，铅储存人们骨中不会有什么症状，因此，人们对它往往不注意。等到哪一天某人查出血液中铅含量过高时，往往表明此人铅中毒已经较深了。铅中毒还会造成妇女流产和不育，即使生了小孩，小孩也往往是低能儿。古罗马人用铅制的器皿盛装糖浆和酒，也用铅管子引水，因此，接触铅较多的贵族发生了妇女生育率低的情况。有历史学家甚至认为，古罗马帝国亡于铅。

由于在汽油中加入少量的含铅物质可以有效提高汽油的使用效率，因此，较长时间来，燃烧汽油的汽车成了城市大气铅污染的主要污染源。我国政府对大气铅污染问题十分重视。现在，有不少城市已禁止使用含铅汽油，而改用了无铅汽油。

某些不合理的生活习惯也可能引起铅中毒。用传统方法制成的松花蛋虽然好吃，但其往往含铅量较高。如果吃松花蛋太多，尤其是对铅吸收率较高的小孩吃松花蛋太多，就有可能引起铅摄入量过多。另外，有专家指出，爆米花含铅量高，不宜多食。这是因为加工爆米花的机器含有铅的成分，一旦把它加热到400℃以上，铅就会以蒸气的形态大量逸出，从而使爆米花含铅量大大超出规定的指标。

若人体摄入过量的汞、镉等元素，也会产生中毒现象。1953年，日本水俣市发生居民吃下含汞食物引起汞中毒，患者大多开始四肢末端或口周围有麻木感，随后出现动作障碍、感觉障碍等症状，严重的导致全身瘫痪，当时有41人死亡。由于孕妇摄入过量的汞导致胎儿脑组织受损，故水俣市还多先天性痴呆儿。1955年，日本富山县神通川流域居民因长期饮用被镉污染的河水和用此水灌溉的稻米，导致镉中毒，表现为关节疼痛，骨畸形，易骨折。有报道，高血压患者尿中的镉含量常常比正常人明显的高。

人们应该怎样做，才能防止重金属污染环境呢？

首先，要在城市交通中普遍使用无铅汽油，这是防止铅污染大气的重要措施。其次，工厂不能随意排放有毒的废气、废水和废渣。例如，镉常常与铅锌矿石共生在一起，用此矿石进行冶炼，工厂排放的废水和废气中就会含有浓度相当高的镉，因此，对这些废水和废气必须经处理后再作排放。再次，要防止酸雨的产生。有报道，国外一些地方由于酸雨的影响，地下水中锌、镉等离子浓度上升到正常值的10～100倍，严重影响了地下水的质量。由于锌中常含有少量的镉，酸性水还会使镀锌铁管有较多的镉离子进入水中，人饮用此水则有可能中毒。除了这些之外，我们还需要对受重金属污染的土壤进行治理，尽管这种治理十分困难，成本高昂，但是，这种治理是难免的，早治理比晚治理好。

为什么城市比其周围农村气温高?

上海市某中学的学生要去郊区农村参加为期一周的秋收劳动。出发之前,教师告诉学生,农村的夜晚气温比较低,要求学生多带一些衣服。结果,有些学生不以为然,仍然没有多带衣服。在农村的一天晚上,学生和农民在村前的一个小稻场上开联欢会,这些衣着单薄的学生冻得不行,到处找同学借衣服穿。他们真没想到农村的夜晚会这么冷。

1997年,气象观测资料表明,全国最大城乡温差为9℃,发生在北京。同年,上海城乡温差也比较大,其最大值为 6.8℃。为什么会产生这种现象呢?

其实,城区气温明显高于其四周的农村,在当今世界上大大小小城市均可观测到。城区就像一个"热岛",矗立在气温相对较低的农村"海洋"上,故人们把此叫做城市热岛效应。造成城市热岛效应有众多原因:

第一,城市人口稠密,工厂和交通运输工具排放出大量的热量。有资料说,在欧洲,城市人为放出热量占地表吸收太阳净辐射热的 33% 左右,某些城市人为输出的热量甚至超过地表吸收的太阳净辐射热。这是造成城市局地升温的一个重要原因。日益增多的城市汽车是一个不可忽视的因素,汽车尾气排出时的温度超过 100℃。据研究,上海内环线高架路建成后,"热岛"形状由片状变为环状。

第二,城市地面高大的建筑群、柏油马路等对太阳光的反射率小,故能吸收较多的太阳辐射能量;而且城市建筑物多,高度也大,储存热量的空间比郊区要大,白天受太阳光照射后贮存在城市地面的热量比郊区多。这样,城市比郊区能获得更多的太阳辐射能量并把它贮存起来,使得城市在夜间降温比郊区要慢。

第三，城市由于一系列原因使其热量不易散发。城市上空有污染覆盖层，尤其是其中的二氧化碳能强烈吸收地面放出的长波辐射，使大气逆辐射增强，夜间不易降温。城市建筑物密度大且参差不齐，这不仅大大减少了地面长波辐射热量的损失，而且通风不良，也不利于热量散发。城市中绿化面积远比不上郊区，加上下雨后雨水很快从下水道流走，故蒸腾和蒸发消耗热量十分有限。

由于上述原因的共同作用，我国北京、上海等城市热岛效应明显。要缓解这种热岛效应，可考虑搬迁和疏散一些高耗能企业，减少城市内的热量释放，减少二氧化碳的工业排放。另外，大面积增加植被覆盖率，有可能的话还可建一些人造湖，以及及时洒水降温，这些均可有效降低城市内气温。

大雨过后话灾害

大雨过后，尤其是在较大范围内连续几场大雨之后，往往会引起洪水泛滥。1931年长江流域下大雨，长江发生很大的洪水。由于旧中国政府不顾老百姓死活，水灾造成重大损失。荆江大堤漫决，无情的大水淹没广大平原地区，当时武汉的街道上可以行船。这一次大水使2887万人受灾，18万多人死亡。1935年长江又发洪水，洪水使荆州城内民房毁损，无数灾民爬在树上、墙顶，无衣无食，惨不忍睹。建国以后，长江又多次暴发洪灾，其中1998年的洪灾是长江百年以来最大的洪灾。由于广大军民奋力抢险，洪灾造成的损失已比建国以前大大减小。但是，在1998年7月21～22日，仅武汉一地还是损失财产超过5亿元。

为什么长江频频发生洪水灾害呢？

长江洪灾多发与多种因素有关。首先，长江流域的气候与洪水发生关系重大。每年春夏之交，冷暖气团之间交界的锋面，会较长时间在长江流域一带徘徊。若锋面停留的时间过长，且下雨过多，就很有可能造成水灾。其次，长江水系的特征也与洪水暴发有关。长江流域面积广大，支流众多。若雨区覆盖江南、江北众多支流所在区域，那么，这些支流的河水会突然之间一起注入长江干流，使干流水位陡涨，造成洪水泛滥。再次，一些专家指出，长江上游地区森林资源遭受破坏，使森林蓄水能力下降，与洪灾发生也有一定关系。另外，长江中游的一些湖泊，如洞庭湖，由于前些年围湖造田，使湖泊水域面积锐减，湖泊调蓄洪水的能力下降，也是造成长江洪灾一个不可忽视的因素。现在，人们已开始在长江上游植树造林，洞庭湖等湖泊沿岸也进

泥石流灾后

行了大范围的退田还湖，加上长江三峡水库建成后可具备较强的调蓄洪水的能力，长江的洪灾有望得到治理。

大雨过后，还会引发其他一些灾害。泥石流就是其中一个危害极大的灾害。

1984 年 5 月 27 日凌晨 4 时，云南省东川市因民矿的居民突然被一种巨响惊醒。夹带着泥石碎屑物的洪流汹涌而下，滚滚袭来，冲毁了道路、房屋、农田、生产设备，直接经济损失达 1100 万元，还造成 117 人死亡。这种夹带着泥石碎屑物、沿斜坡或沟谷流动的特殊洪流，叫做泥石流。

我国是世界上泥石流分布最广、活动最频繁的国家。全国 25 个省、市、自治区，均有泥石流活动。在铁路沿线，分布有 1300 多条泥石流。泥石流不仅会直接冲毁房屋、铁路等，还会阻塞河道，造成公路被水淹没，严重影响交通。

世界上不少国家也深受泥石流之害。1999 年 12 月 16 日，南美洲的委内瑞拉发生特大泥石流，沿海的几个城市全部被冲毁。昔日繁华的街道变成了泥石流河，一些被泥石流淤埋的汽车只露出车顶。沿海 80% 的公路也被破坏，市区水电供应中断。首都加拉加斯的主要大道变成波涛汹涌的河流。这次泥石流使该国 33.7 万人受灾，死亡人数超过 3 万，财产损失上百亿元。

形成泥石流的主要条件是：1. 沟谷里因内、外营力作用，地表岩层破碎，有大量松散的固体物质；2. 有陡峻的谷坡地形和较大的沟床纵坡，有利于松散固体物质与水流聚集；3. 沟谷上游或中游地区发生暴雨或冰雪大量消融，或湖泊、水库溃决，形成洪流。因此，在山高坡陡的汇水盆地和谷地，一定不能把植被都破坏了，否则地表大量的碎屑物与山洪相聚，极有可能暴发泥石流。

我国成都地理研究所云南东川蒋家沟泥石流观察研究站，已能在泥石流暴发前 40 分钟进行预报，准确率达 85%，可以减少灾害损失。

连续的大雨，还可能引起滑坡灾害。所谓滑坡，是指斜坡上大量土体、岩体或其他碎屑堆积物沿着一定的滑动面作整体下滑的现象。1955 年 8 月 18 日，陇海线宝鸡附近卧龙寺车站东约 2 千米处，发生了一次较大的滑坡事件。这一天清晨，大雨下个不停，雨水不断浸润滑坡裂缝，最后，体积约 2000 万立方米的巨大岩体由慢到快地沿着滑动面向下滑去，持续了半个小时左右，把铁路整整向南推移了 110 米。2013 年 7 月 10 日，四川省都江堰市多日下雨后发生特大滑坡，造成重大人员伤亡。

形成滑坡有多方面的原因。从人为原因看，在修建公路或铁路时，人工开挖坡脚，形成高而陡的边坡，造成斜坡的不稳定状态，这是造成滑坡灾害的一个重要原因。人们在坡顶大量造房或堆放矿渣等，也会促使滑坡发生。因此，在铁路、公路施工时，必须注意避免这种情况发生。

从自然原因看，除了连日下雨外，一些地区在强烈地震后在山体内形成裂缝也是一个不可忽视的因素。这些裂缝受雨水浸润后，容易造成山体整体下滑。

我国山区面积广大，又多地震，不少地区夏季还多暴雨，这些因素叠加，比较容易造成泥石流、滑坡等地质灾害。对此，必须引起高度重视。在强烈地震后，要进行规范的地质调查，评估泥石流、滑坡等地质灾害发生的可能性，尽可能做好地质灾害的事前防范。

日本何以多地震?

日本是世界著名的多地震国家。据统计,自 13 世纪以来,日本共发生 3700 多次灾害性地震,其中死亡人数超过 1 万的大地震有 11 次。1923 年 9 月 1 日发生的关东大地震,摧毁东京房屋的 73%,横滨建筑物的 96%,死亡人数 14.3 万。1993 ~ 1995 年,日本先后发生 6 次里氏 7 级以上的大地震。1995 年 1 月 17 日,日本发生损失特别惨重的阪神大地震,震级为 7.2 级。在神户市,许多房屋倒塌,桥梁扭曲断裂,铁路和公路被毁,城市供电、供水、煤气中断,电话系统也被破坏。因为地震发生在一清早,惊慌失措的人们或披着毯子,或只穿睡衣,从屋内匆匆跑到马路上,瑟瑟发抖,惊恐万分。在短短几分钟后,神户 60% 的建筑物被毁,30 多万人失去家园,5000 多人死亡和失踪,直接经济损失超过 700 亿美元。

为什么日本会发生这么多的地震呢? 我们知道,地球的岩石圈分为六大板块。这些板块之间处于不停的相互挤压或相互拉张等运动之中。因此,在板块内部,地壳相对比较稳定;而在板块与板块之间,岩石受力相互作用,当岩石受力达到一定程度后,就会发生错动,于是有较大能量释放,产生地震。日本位于太平洋板块与亚欧板块的交界处。密度较大的大洋板块俯冲到密度较小的大陆板块之下,因此,这一带地震特别多。环太平洋地带集中了全球 80% 以上的浅源地震和几乎全部的中源地震和深源地震。其中,浅源地震发生的深度在离地表 70 千米之内,离地表距离近,因此,其造成的损失一般比较大。这一地震带从南美洲南端起,经智利、秘鲁、墨西哥、北美洲美国加利福尼亚至阿拉斯加西岸,向西沿阿留申群岛、堪察加半岛、千岛群岛、日本群岛、琉球群岛，经我国台湾岛，再过菲律宾、伊里安岛直至新西兰。

那么，震级不是很大的地震，会不会造成人类生命和财产的重大损失呢？答案是会的。例如，1960年发生在摩洛哥阿加迪尔市的地震，震级为5.9级，不算很大。但该市4.8万居民中，死亡人数达到1.2万，造成巨大的生命财产损失。这是因为这一次地震的震源深度只有2～3千米，为城市直下型地震，然而这个城市建在海滩上，地基比较松软，便造成全市80%的房屋倒塌。这个城市长时间以来没有发生地震，居民对地震也无防备。结果地震发生时，因煤气管破裂等原因造成大火，震后又发生海啸，使人员伤亡数量巨大。可见，在经济发达、人口稠密的地区，若发生地震，即使震级不是很大，但往往也会损失惨重。如发生地震的城镇正好位于震中，震源又浅，城市地基松软，加上震后煤气泄漏造成火灾等原因，损失会更大。

地震发生之前常有一些异常情况发生，如地应力、地电、地磁强度会有异常变化，地下水水位会突然升高或下降，一些井会翻花、冒泡，一些动物也会出现异常情况。如1969年7月18日上午，天津居民发现水中泥鳅、蚂蟥上下翻腾，牛在地上打滚，不肯吃草。过后不久，在渤海地区发生了7.4级地震。我国在地震预报上处于比较先进水平，如我国成功预报了1975年2月4日的海城—营口地震。后来对1976年5月29日云南潞西—龙陵地震和同年8月16日四川松潘—平武地震，也都作出了震前预报。但是，形成地震的机制十分复杂，人类目前还没有完全掌握大地震发生的规律，还不可能准确无误地预报每一次破坏性地震。在地震预报领域，今后还需要进一步加强研究。

阿斯旺高坝带来的警示

1970 年，埃及在阿斯旺城南的尼罗河上，建起了举世闻名的阿斯旺高坝，拦截了尼罗河河水。该坝高 111 米、长 3830 米，于是，在高坝的上游形成了一个巨大的人工湖，叫做纳赛尔湖。此湖规模很大，它长 500 千米，平均宽 10 千米，面积达到 5000 平方千米。这个高坝建成后，每年可发电 100 亿度，可提供灌溉用水 740 亿立方米，还可以在湖中放养大量的淡水鱼，形成了一个规模巨大的淡水渔场。

正当人们为阿斯旺高坝欢欣鼓舞之时，由于建立高坝而带来的诸多问题也随之而来。几千年来，尼罗河在每年的汛期会有大量水漫溢出来，给两岸农田带来肥力很高的淤泥，并且还冲刷了土壤中的盐分，这是埃及人祖祖辈辈享受着的尼罗河之馈赠，他们在尼罗河两岸的土地上耕作和收获。高坝建起后，大量的淤泥沉积在纳赛尔湖的湖底，而耕地由于没有了肥沃的淤泥，使农作物产量明显下降。更令人意想不到的是，土壤中的盐分含量急剧上升，许多地区面临着无法继续耕作的危险。

阿斯旺高坝带来的另一个恶果，是大量水资源的损失。由于纳赛尔湖湖面广大，造成大量的水被蒸发，还有许多水渗漏到地下。在埃及这样一个气候干旱的国度，水资源被如此消耗，真是一个巨大的损失。又因水库蓄水使地下水位上升，造成一些地方血吸虫病流行。另外，由于尼罗河泄入地中海的水量减少，结果导致地中海大片海域含盐量剧增，使沙丁鱼的产量骤然下降。

阿斯旺高坝的建立引发了一系列问题。这给人们带来不少警示，包括：人类大规模的改造自然活动，往往会带来双重的后果，即对人类有利的后果和对人类不利的后果。而且，这种对人类不利的后果，往往还具有滞后性的特点，即在人类改造自然的当时，这种不利后果并不明显，但是，随着时间的推移，不利后果会逐渐显露出来。等到人们意识到这种不利后果的严重性时，人们已很难避免这种后果了。

其实，人类对自然的干预，远远不止在修建水库的领域。随着科学技术的进展，人类对自然干预的领域越来越多，干预的强度也越来越大。例如，人们合成了许多化学物质，用于杀虫、除草等，它们的效果也比较明显，因此，许多地方大量使用人工合成的杀虫剂和除草剂。但是，后来人们发现，其中有一些人工合成的物质，会对人类自身造成极大的危害。如一些合成物质会干扰人体正常的生理机能，它们会对人体产生类似雌性激素的刺激，严重影响人类的生殖机能。受这些物质影响的动物，也发生"雌性化"的后果，一些雌性动物则由此产生生殖系统畸形。当一些日本妇女被检测出母乳中一种叫做二恶英物质的含量超标后，这些日本的母亲们放弃了母乳喂养孩子。又如，盐酸克仑特罗原来是一种治疗哮喘的药物。在 20 世纪 80 年代，美国一家公司把它加到饲料里。这样喂出的猪，生长瘦肉比较多。此药可以增加牲畜的瘦肉率，故人们把它叫做"瘦肉精"。由于现在的人大多喜食瘦肉，故"瘦肉精"一度受到不少人的青睐。但是，后来人们又发现，人食用含有"瘦肉精"的猪肝后，会引起心脏功能紊乱。因此，现在人们已经禁止在动物饲料中添加这种物质。

那么，人类是否应该停止一切改造自然的活动，重新回到原始的生活方式中去呢？答案显然是否定的。我们知道，现在全球人口超过 60 亿，若人类全部采用原始采集和狩猎的方式生活的话，那么，恐怕地球连现在人口的十分之一都无法供养。而且，人们已经习惯了电灯、电话、汽车、电视等现代物质生活，他们也不愿意回到脱离现代物质文明的原始生活方式中去。如此，我们应该怎样做呢？

人类在一切改造自然的重大活动之前，必须十分谨慎地充分预料人类活动可能产生的种种后果，并采取相应的预防措施。人类在改造自然的活动过程中，要随时注意该过程对人类产生的各种影响，并针对这些影响，及时调整自己的活动，以求得人类与自然的和谐相处。现在，人们提倡研究"生态经济学""循环经济"，力求在生产过程中，废物和余热的最小化，使人类可以获得可持续发展。

人类对害虫的战争

害虫对树叶、嫩枝造成危害，大量吞食农作物的果实、种子、叶子等；害虫还传染疾病，对人、牲畜和农作物造成疾病感染。长期以来，人们想方设法来杀灭害虫。例如，人们用苍蝇拍来拍打苍蝇，用捕捉器、粘贴纸来消灭害虫，引进害虫的天敌来消灭害虫，培育有抵抗力的农作物品种来抵御害虫的伤害，等等。这些方法均有一定的作用。但一些害虫繁殖能力很强，破坏性极大，它们对人类依然造成很大的麻烦。

第二次世界大战以后，人类生产了大量的合成有机杀虫剂。这些杀虫剂效果明显。例如，一种叫做DDT的杀虫剂只需很低的浓度就可杀死多种害虫。但是，人们不久发现，这些有机杀虫剂对人类自身也造成了很大的危害。有机氯农药化学性质稳定，在环境中广泛残留。有人对从五大湖中捕到的银大马哈鱼进行了检测，发现其中一些鱼体内DDT的含量大大超过了容许标准。人们经研究后发现，有机氯对人体有害。有机氯农药进入人体后在脂肪组织中积蓄，对神经系统、肝脏和肾脏造成损害，还有致癌、致畸和致突作用。有机磷农药进入人体后，会引起神经传导和生理功能紊乱，严重的会使人瞳孔缩小、流涎，甚至会由于呼吸衰竭而死亡。据统计，全世界每年死于农药中毒人数有40余万。有专家指出，为预防农药中毒，最好将水果、蔬菜的皮削掉以后再吃。因为农药多积蓄在水果和蔬菜的皮上，且不易被洗掉。最好少吃动物脂肪和肥肉，因为一些农药积蓄在动物脂肪之中。

后来，人们又大量生产一些比较安全的农药。这些农药包含鱼藤酮、除虫菊素等由植物产生的毒素，它们对昆虫有剧毒，但对哺乳动物却几乎无害。

目前的趋势是，不使用危及人类、其他哺乳动物以及鸟类、鱼类的毒药和生物降解缓慢的毒药。

现在，科学家致力于研究干扰害虫生命活动的方法。一个成功的例子是对螺旋蝇的控制。螺旋蝇个体较大，会发出金属般的蓝光。它产卵在牲畜的耳中和伤口中，从卵中孵化出的幼虫便在牲畜身上大肆吞食牲畜的组织，最后造成牲畜死亡。科学家捕捉螺旋蝇的雄性，给它们照射 X 射线，使其绝育，然后再把它们放出去。它们仍然十分活跃，但与雌蝇交配后不会留下后代。这种方法取得了很大成功。科学家还发明了害虫的性引诱剂，使整个一大块土地散发出雌性昆虫的气味，使雄性昆虫找不到配偶，从而基本上控制了 30 种有害的蝴蝶和蛾。另外，"以菌治虫"和"以病毒治虫"的方法也正在推广试用。

一些鸟类大量捕食害虫。利用鸟类来杀灭害虫，也是一种有效的方法。燕子就是一种能够大量捕食害虫的鸟。"翩翩堂前燕，冬藏夏来见"，燕子秋天飞到东南亚等地越冬，到了春暖花开之际，燕子又成群飞回，而且燕子有着惊人的记忆力，不少都能返回旧巢。雏燕出世后，老燕子更是十分辛苦，成天忙于捉虫，喂养小燕子。有人计算，一只雨燕在一个夏季吃掉的蚊子、白蛉、苍蝇、螟蛾等害虫多达 25 万只。利用鸟类消灭害虫不仅效果好，而且还有不污染环境的好处。因此，世界上许多国家的科学家都十分推崇利用鸟类杀灭害虫的方法。善待鸟类，保护鸟类，也应该成为人类的自觉行为。而鸟类在杀灭害虫、造福人类的一生中，也得到人类善意的回报。

兔子多了也成灾

澳大利亚长久以来是没有兔子的。1859年，人们为了娱乐观赏，从别处把兔子引进了澳大利亚。由于澳大利亚草原广阔，兔子的天敌又很少，因此，繁殖力强的兔子很快在澳大利亚这一片乐土上扩散开来，到了1950年，兔子数量达到7.5亿只。这样一来，草原上原来放牧的绵羊的食物——牧草，大量被兔子吃掉。澳大利亚的养羊业受到了非常严重的打击。澳大利亚政府为此大伤脑筋，采用很多方法来灭兔，包括用飞机撒毒剂的方法，但结果却收效不大。最后，澳大利亚人采用了一种特殊的病毒，才杀死了绝大部分的兔子，从而保证了大群绵羊有足够的食物，使养羊业得以恢复。可见，当一个地方引进一个新物种时，必须充分考虑当地生态系统的食物链构成情况，否则，可能会使原来的生态平衡破坏，产生重大的生态问题。澳大利亚"兔灾"便是一个例子。

实际上，引进新物种引起的生态问题，并不仅限于动物。某些植物也有类似的情况。例如，有一种叫做水葫芦的水生植物，分布于河湖水面，繁殖极快。水葫芦大约在20世纪30年代引入我国，因有人认为它能作为畜禽饲料，并有一定观赏价值。后来，这种水葫芦在我国许多省区大量繁殖蔓延，许多河湖水面上漂满了这种水生植物。在云南滇池，连绵1000公顷的水面上全都长着水葫芦，一些水域已被它占满，密不见水。为此，必须动用大量的人力予以打捞。一船船的水葫芦被运出，过了不久水葫芦又长满水面。如一段时间未做清理，水葫芦便会腐烂发臭。水葫芦的疯长，使滇池内许多别的水生生物处于灭绝的边缘。水葫芦的利用价值不大，因为它绝大部分是水，干物质很少。目前我们还没有找到一种能有效抑制水葫芦蔓延的方法。

河湖中水草的过度生长，会危及鱼类的生存。这又是为什么呢？原来，一些河湖中水草过度生长后，会消耗大量水中的氧，造成河湖水中含氧量下降，使水中鱼类因氧不足而死亡。水草腐烂还会使水质变坏，也给鱼类生存造成威胁。现在，城乡广大居民正在用无磷洗衣粉代替有磷洗衣粉。这是因为，有磷洗衣粉最终会进入河湖，磷会加剧水草的生长，河湖有可能因水草过度生长而使鱼类无法生存。

为解决河湖中水草疯长的问题，世界上不少国家的科学家尝试了好多种方法。在美国佛罗里达的一些地方，科学家们用海牛来对付疯长的水草。海牛体形庞大，它贪婪地吞吃海草、蒲草和水生风信子等水生植物。但海牛不能适应佛罗里达冬季为时不长的寒冷天气，且繁殖缓慢，大范围推广用海牛来控制水草，还有不少困难。还有科学家提出用"植物激素"来控制水草疯长。因为它能使水草疯长但不会开花结果。通过试验，利用"植物激素"的效果还不错。

什么样的环境宜于人长寿?

自古以来,不少人一直在探索人类的长寿之道。古代一些帝王为了长寿,煞费苦心让人求仙草、炼金丹,但结果并不理想,有些反而因服用了所谓"仙药"而丧命。今天,人们的生活水平已得到大幅度提高,自然更希望能够多活一些时间。人们发现,在世界上某些地方,长寿的居民相当多。这种现象,引起了不少有心者的思考。什么样的环境有利于人的长寿呢?

北欧是世界著名的长寿地区之一。北欧五国,人均寿命为 77.62 岁,远远高于世界人均寿命 66 岁。据一些专家研究,北欧地区气候寒冷,使人体的新陈代谢进行得比较缓慢,这是这个地区人们长寿的一个重要因素。另外,北欧地区自然环境好,森林密布,如芬兰的森林面积占全国陆地面积的 76%。这样,空气清新,水源纯净,有利于人的长寿。再者,北欧地区海洋生物资源丰富,如冰岛的人均捕鱼量居世界首位。北欧人食用鱼类比较多,尤其是喜食营养丰富的鳕鱼,这也促进了北欧人的长寿。

在一些中低纬度的山区,也分布着一些长寿人群。如亚洲的高加索地区、南美洲厄瓜多尔的山区,长寿人数比较多,年逾百岁的老寿星也不少见。据一些专家的意见,这些地区多长寿者,主要是因为该地夏无酷暑,冬无严寒,四季气候宜人,加上空气新鲜,人们饮食也比较科学合理。

据 1990 年第 4 次全国人口普查统计,我国广西的巴马瑶族自治县全县人口 22.4 万,其中有百岁和百岁以上的老人达 71 人。1991 年,国际自然医学会将巴马县列为世界第 5 个"长寿之乡"。巴马人以玉米为主食,也吃一些豆类、红薯和大米。玉米所含的纤维较多,纤维素能加速人的胃肠蠕动,缩短粪便在肠道中停留时间，防止大肠癌的发生。玉米含有大量的赖氨酸，还含有一种叫做谷胱甘肽的物质，有抗癌作用。玉米含有胡萝卜素，还含有较多的维生素 C 和维生素 E，它们也有一定的抗癌作用。玉米中所含的亚油酸，能防止胆固醇在人的血管壁沉淀，防止血管硬化。巴马人还常食蔬菜和水果。巴马人居住环境比较洁净，山清水秀，空气新鲜，气温适宜。巴马人的饮用水是泉水和地下水，水质好。巴马人坚持参加劳动。这些因素使巴马人到了较大岁数还能保持身体健康。

另有报道，气候干旱的吐鲁番地区也多长寿者。吐鲁番地区人口仅为 54 万多，但其中 90 岁左右的高寿老人将近有 3000 人。有人认为，吐鲁番地区气候干旱，日热夜凉，有利于增强人体的免疫功能，减少体能消耗；加上该地区居民喜食新鲜水果，饮用优质地下水，乐于劳动，心情开朗，因而有利于人的健康长寿。

从上述实际例子中可知，一个地方空气新鲜，气温适宜，加上居民经常劳动，合理饮食，乐观开朗等因素结合在一起，将有助于人们长寿。

适当的运动是长寿的一个重要因素。有报道，在欧洲一些地区，生活在空气新鲜的农村中的居民，反而不及城市居民长寿。原因是，农村居民出门总是以车代步，很少步行；而城市中因为停车不便，居民短距离外出经常采用步行的方式，因而使他们比农村居民更长寿。

世界上还有一些地区，与某些高发疾病联系在一起。这些疾病的发生，又与地理环境有什么关系呢？为什么这些高发病区与一般地区具有明显的地域差异呢？形成高发病区地域，是由多种原因造成的。

某些疾病的发生，与自然地理环境有一定的关系。例如，有专家指出，软水与心血管病高发有关。因为软水中钙、镁等离子含量少；而医学已证明，钙的缺乏可能会导致高血压，而镁则有助于促进心脏和血管的健康。因此，若长期饮用软水而食物中又缺乏钙、镁等元素，发生心血管病的危险性就增加了。又如，我国东南沿海地区有一个肝癌高发带。有专家认为，这是因为这里高温多雨的日子多，空气湿度比较大，使大米、花生易被黄曲霉素污染，而黄曲霉素有很强的致癌作用。故而此地多肝癌患者。

　　某些疾病的高发，与居民的不良生活习惯有关。例如，在北美、英国、澳大利亚、新西兰等地，肠癌比较多见，其原因与这些国家和地区的居民多摄入高脂肪、低纤维的食物有关。纤维素有助于清除结肠壁上的致癌物质，保持人体肠道健康。因此，经常摄入苹果、梨、胡萝卜等含纤维素较多的水果和蔬菜，有助于预防肠癌。又如，吸烟人群肺癌的发病率比不吸烟人群要高，因为烟中有致癌物质。

　　还有一些疾病的高发，与环境污染有关。例如，人们发现，在大气污染比较严重的地区，中小学生咽炎、鼻炎和支气管炎的发病率比较高。因为中小学生呼吸道黏膜上的血管和淋巴管易受污物的侵害，结果造成炎症。又如，饮用含镉量过高的水，与高血压病发生有关。有专家认为，进入人体中的镉会抑制酶的活性，妨碍蛋白质和脂肪的消化，从而引起高血压。镉进入人体，还会造成钙吸收障碍，引发全身疼痛的"疼痛病"。

　　了解环境中对人体健康不利的因素，尽量远离或设法消除这些不利因素，这也是人们追求长寿时需要注意的。

产业布局

为什么在原料缺乏的地区建工厂？

工厂接近原料地布局，可以减少原料运输的费用，节约生产成本。但是，一些工厂，包括一些规模很大的钢铁厂和炼油厂，却分布在远离原料产地的地方。这是为什么呢？

我们先来看钢铁厂。钢铁生产需要铁矿石、焦炭、石灰石、锰矿石等多种原料和燃料。一般炼 1 吨钢，需要 4～5 吨相关的原料和燃料。但是，目前有不少钢铁厂被建造在缺煤少铁的沿海地区。如日本的濑户内海沿岸、意大利的地中海沿岸、西欧一些国家的北海沿岸等，均有规模很大的钢铁厂。我国的上海钢铁工业也属于这种布局。如何来解释这一现象呢？

首先，随着钢铁工业多年消耗铁矿石，不少国家含铁量比较高的富铁矿石所剩不多，于是，不少钢铁厂把目光转向国外，准备进口巴西、澳大利亚等国的优质富铁矿石进行生产。这就需要把钢铁厂设在沿海港口附近。如美国钢铁工业就有向沿海和沿湖转移的趋向。其次，利用大型远洋货船可以大大降低运输成本，单位重量铁矿石的运价比以前有明显的降低。再次，利用富铁矿石炼铁可以减少选矿、烧结等工序，从而有利于降低生产成本。另外，沿海地区一般工业集中，是钢铁产品的消费市场，这样布局，有利于节约钢材的运费；沿海地区还有较多的废钢铁，利于就近利用，作为钢铁生产的原料；此外，还可以利用海水进行冷却，从而节约淡水。因此，战后不少国家选择沿海地区建造钢铁厂。我国上海利用进口优质铁矿石和从附近省区调入的炼焦煤，建起了规模巨大的钢铁企业，年产钢超过 1000 万吨。

我们再来看炼油工业。世界炼油工业主要分布在石油消费地，如日本、意大利、德国等。这些国家很少出产石油，但都建有大型炼油厂。为什么在远离油田的地方建这么多的炼油厂呢？

炼油厂主要分布在石油消费地，是由多种原因决定的。原油加工后得到汽油、柴油等成品油，成品油的重量与原油相差不是很大，因此，原油运输并没有大量增加运量。原油运输又比成品油运输方便，原油运输只要一根输油管就够了，而成品油种类多，用输油管输送成品油显然是不方便的。另外，汽油易燃易爆，因此，长距离运输汽油会增加危险性。在消费地布局炼油厂，还有利于炼油产品和副产品的综合利用。

1996年世界原油加工能力在1亿吨以上的国家分别为：美国（7.63亿吨）、俄罗斯（3.01亿吨）、日本（2.60亿吨）、中国（1.70亿吨）、意大利（1.40亿吨）、德国（1.13亿吨）、韩国（1.01亿吨）。而沙特阿拉伯、伊朗、伊拉克、科威特、阿联酋这五个西亚产油国原油加工能力总共大约为2亿吨，不足其产量的1/4。可见，炼油厂主要还是分布在石油消费地区。

除了一些钢铁厂和炼油厂之外，还有不少工厂需要布局在消费地。它们大体可以分为下述类型：

一是成品重量和体积大大超过原材料的厂家。如面包厂、糕点厂、家具

炼油厂

制造厂等。它们近消费地布局，比在原料地布局可以节省运费。

二是成品运输困难，损失率高，成品易燃、易爆、易腐烂、易挥发的生产厂家。如玻璃器皿厂、硫酸厂、熟食加工厂、面包厂等。它们近消费地布局，可以减少成品运输的困难，减少损耗，避免产品变质和可能发生的事故。

三是成品价格低廉，但成品重量却较大，不宜花费大量运费的厂家。如混凝土预制件加工厂。它们若远离消费地布局，运费占产品价格的比重可能很大，会使产品价格大幅度上升，在市场上失去竞争力。

四是产品需要尽快传递信息或获得消费反馈信息的工厂。如印刷厂、服装厂等。它们接近消费地布局，有利于及时传递和获取各类信息，使自己的产品受消费者欢迎。如印刷的报纸能及时与读者见面，设计和生产的服装符合时代的潮流，并能根据消费者对服装的反馈信息及时改进设计和调整生产。

至于高科技企业，由于原料成本和运输成本所占的比重均比较小，它们既可以远离原料地，也可以远离消费市场布局。影响高科技产业布局的主要因素是，必须接近科研力量雄厚的高校和研究机构，有优美、洁净的环境，和快速、方便的交通和通讯条件。

还有一类工厂布局在远离原料产地的地方，是出于另外的考虑。例如，包头位于我国内蒙古自治区，当地并不属于棉花生产基地，但却有规模相当大的包头纺织总厂，且是一个兼有纺、织、印染的联合企业。之所以在包头布局纺织工业，主要是因为包头是我国钢铁工业基地，还生产稀土、铝锭以及多种机械产品，重工业比重大，需要大量男性劳动力，而包头市需要女性劳动力数量有限。考虑到一个规模较大的城市应使男女人口有一个大体平衡的比例，故政府决策在包头建设了纺织厂，以大量吸纳女职工就业，从而不使整个城市男女比例失调。

尽管上述许多工厂远离原料地布局，但是，我们还必须看到，仍然有不少工厂需要接近原料地布局。例如，铜矿石的有用组分含量相当低，有的铜矿石中含铜量不足1%，因此，为省运费，铜矿石的选矿厂和粗炼厂，一般宜在铜矿原料地布局。又如，每制取1吨糖，需要用好几吨甘蔗，甘蔗也不宜久贮或久运，否则易霉变，因此，甘蔗制糖厂也不宜远离甘蔗产地布局。

出人意料的选址

前些年，有人准备在北京开一家专营高档物品的大型商厦，取名为燕莎商厦。按一般的考虑，这家商厦应该在接近商业中心的地段选址，这样便于吸引大量的客流。结果，出乎人们的意料，燕莎商厦没有坐落在商业中心附近，而是在远离商业中心的一个比较边远的地方开张。不少人为燕莎商厦的选址大惑不解，更有人为燕莎商厦能否成功经营感到担心。然而，事实却再一次给人们一个意外！燕莎商厦不仅成功开张，而且经营状况很好，销售额大大超出人们的预料。这到底是怎么一回事呢？

当时的北京有相当一部分高收入者，但是他们在北京难以买到高档名牌商品。这些高收入者既包括国内一些成功经营人士、文艺界的名流等，也包括外国大使馆的官员以及一部分外国留学生。他们迫切希望北京能有一家便于他们购物的商厦。燕莎商厦就是在这样的背景下开业的。它迎合了北京一部分高收入者的购物需求。

尽管燕莎商厦离北京商业中心路途较远，但那些高收入者可以开小汽车前去购物，因此，空间距离较远并不妨碍他们到达商厦。而且因为燕莎商厦远离市内交通繁忙拥挤地段，利用小汽车去购物反而显得方便。

可见，燕莎商厦的成功选址，正是选址决策人的高明之处。它的选址，既符合其购物人群的交通方式，也避开了闹市中心地价昂贵、交通拥挤、停车不便的情况，故而取得出奇制胜的效果。

我国正在建设的三峡水库，其大坝选址也多少有些出人意料。按照常理，水库的大坝适宜建在河流的狭窄处，这样可以节省建造的工程量。在中学的地理课上，教师也是这样告诉学生的。但是，实际情况却与此相反，三峡水库的大坝不是建在三峡最狭窄的地方，而是建在江面相对较宽的三斗坪处。这又应作何解释呢？

有一位外国专家曾经建议三峡水库大坝建在南津关，此处江面较窄，使工程量比较小。但是，南津关的基岩是石灰岩，这一类岩石往往有一些洞穴，若水库大坝建在此处，则很难保证不发生水库中的水从洞穴漏走的状况，这是建造水库必须要严加防止的，否则将会造成极大的隐患，而且难以治理。而三斗坪处尽管江面比较宽，但这个地方的基岩是坚硬的花岗岩，不仅可以承受大坝巨大的压力，而且也不会发生漏水的情况。另外，三斗坪处江中有一小岛，叫做中堡岛，在此处筑坝，可以降低施工难度。因此，专家们通过反复权衡上述两处筑坝的利弊，最后，决定在江面较宽的三斗坪处筑坝。

现在，我们再把目光转向一些跨国公司的选址。我们知道，一些世界知名的跨国公司纷纷把它们的研究与开发中心建在一些发展中国家的城市里。例如，一些公司相继在上海建立了研究与开发中心，故有"外企再战上海滩"之说。这种现象，也出乎不少人的意料。因为，一般而言，发达国家的科技水平比较高，把公司的研究与开发中心设在发达国家，便于就近获得科学技术的支持。但是，为什么不少跨国公司却把它们的研究与开发中心设在发展中国家的城市里呢？原来，在一些发展中国家的大城市里，不仅有大量高素质的科技人才，而且，他们的工资水平远远低于发达国家同等科技人员的水平。因此，把研究与开发中心设在发展中国家，可以大大节约研究开发成本，为公司带来巨大的利益。另外，这样选址也有利于跨国公司及时从发展中国家的用户中获取消费反馈信息，有利于及时改进产品的设计，以赢得发展中国家的巨大市场份额。

通过上述的例子，我们可以知道，影响企业选址的因素是十分复杂的。有时候，一种看似不合情理的选址，其实，却是独辟蹊径，不落俗套，是高人一筹之举。因此，这些出人意料的选址，并非都是仓促行事的后果。其中有不少是值得我们思索再三，领悟其中无穷奥妙的。

美国人为何爱买车?

美国是世界上汽车生产大国，每年生产大量汽车。但是，美国每年还大量进口汽车。这表明，美国具有很大的汽车消费市场。

美国是一个汽车普及率相当高的国家。目前，在美国，95%的家庭都有汽车，人们可能会问，为什么美国人还要大量购买汽车呢?

美国汽车销售长盛不衰，有着多方面的原因。首先，有相当一部分美国人喜欢每隔几年就换一次车，他们喜欢式样新、性能优的新款汽车，常常把开了几年的汽车卖掉，又买进新款汽车。

其次，随着一些美国人生活水平的提高，他们感到仅有小汽车的话，对外出旅游或购买较多物品还不够方便，于是，他们产生了购买客货两用车的愿望。据报道，在美国，微型厢式车、客货车和多用途车所占比重急剧增长，特别是客货车风靡美国，成为增长热点。从1992～1996年，美国轿车保有量从占汽车总量的75.8%降为67.5%，而商用车（包括客货车、厢式车等）则从24.2%上升为32.5%。这一变化引起了人们的思考。

有人研究后指出，由于20世纪90年代初到90年代中期，美国经济持续增长，居民收入水平也随之提高，因此，居民消费需求发生了一些新的变化。其中之一是，全家周末外出旅游成为一种时尚。由于小轿车空间有限，难以放下外出旅游所需的帐篷、餐具等，因此，一种能够放下较多物品的客货车，成了美国居民争相购买的目标，成为新的消费热点。

另外，在今日美国，大约还有一半家庭只拥有1辆汽车。在这些家庭中，有不少人还想再买1辆车。这也是一个很大的消费因素。

目前，具有一定工业发展水平的国家，普遍十分重视本国汽车工业的发展。这与汽车工业自身的特点密切相关。

汽车工业的发展，可以推动一大批其他工业部门的发展。据统计，1980年日本汽车工业消耗了本国生产的 17.5% 钢材、20.6% 特种钢材、53.2% 橡胶、61.2% 弹簧、80.6% 铝锭、32.6% 轴承、10.1% 聚氯乙烯、11.1% 涂料。汽车工业还是各种机械、电器、仪表设备的最大用户，也是微电子、工业机器人等新技术的主要应用领域。汽车工业发展，还大大促进了公路建设。1921～1930 年，美国公路长度增加了一倍。汽车工业的就业容量巨大。据统计，1988 年底，我国汽车生产企业人员、与汽车行业直接相关的人员，占当年全国职工总数的 9.2%。在美国，每 6 个就业人口就有 1 人直接或间接地从事汽车生产和服务工作。

但是，国外也有人认为，大量使用汽车会带来一系列问题。在西方，甚至还有人认为，汽车是人类的"第一杀手"。他们为什么这样认为呢？自从汽车问世以来，全世界因车祸丧生的人数已超过 2000 多万，致残的有四五亿人。美国每年约有 5 万人因交通事故而死亡，受伤人数接近 200 万。车祸、心血管病和癌症成了美国人的"三大杀手"。汽车排出的废气含有多种危害人体健康的物质，在不少大城市，汽车成了大气污染的最大污染源。汽车还大量消耗宝贵的石油资源。据统计，世界石油总产量的好几成是被汽车消耗掉的。在一些发达国家，人们心血管病的多发与汽车也不无关系。因为汽车的使用造成一些人户外活动的减少，而活动减少则是导致心血管病多发的一个因素。

那么，人类应该如何合理评价汽车的"功"和"过"呢？目前，大多数人比较一致的看法是，取消使用汽车是不现实的，而生产安全、节能、环保的汽车，是一个明智之举。在人多和交通拥挤的大城市，应该优先发展公共交通。

为什么土特产品只出在特定的地区？

我国各地有各种各样的土特产品。它们享有很高的声誉，也深受人们的喜爱。人们在享用这些土特产品的同时，不禁要问，为什么土特产品只出在特定的地方？为什么换一个地方，往往就不能培育出原先的那种土特产品呢？

现在，人们对各种土特产品的形成原因，已进行了不少研究。虽然还有不少问题有待进一步探讨，但不同地区的不同地理环境，对土特产品的形成无疑有着深刻的影响。我们以一些土特产品为例来说明一下。

茅台酒是我国名酒之一，已有270多年的生产历史。茅台酒酒色晶莹清洌，酱香独特，香气幽雅，酒味柔和，回味隽永，饮后沁人心脾。在1915年巴拿马万国博览会上，茅台酒荣获金质奖章。在国内历届评酒会上，茅台酒均蝉联国家名酒的称号，有"国酒""外交酒"的美誉。

贵州省遵义市西的茅台镇四面群山环抱，温暖湿润，夏季炎热而少风，是酿酒发酵的理想场所。镇前的赤水河由山泉汇流而成，水质特别好，水纯而甘甜，是酿酒的理想水源。茅台镇的土壤也很特别，是一种橘红色的朱砂土，酿酒的发酵池用此土做成，从而使茅台酒有独特的风味。

据说，有人在别处也用赤水河的水作为水源酿酒，结果还是酿不成具有这种独特风味的茅台酒。对此，有人认为，茅台镇空气中有一种特殊的细菌，它在酿酒过程中起到了特殊的作用，而别处无这种细菌，自然酿不出品味醇正的茅台酒了。

再看青岛啤酒，该酒色清透明，香气纯正，口味醇厚，泡沫细腻而洁白，为国产啤酒之著名品牌，荣获国家金质奖章。青岛啤酒之所以品质优良，有一个十分重要的原因，即它用著名的崂山矿泉水作为原料。崂山矿泉水品质优良，含有丰富的钾、钠、钙、镁等矿物质，口感清纯，还有多种保健作用。

我国不少地方出产名茶，如浙江的龙井茶，汤色翠绿中带微黄，味醇而香浓；安徽的黄山毛峰，清香诱人，叶厚而耐泡；江西的庐山云雾茶，汤色清绿，鲜爽可口；江苏的碧螺春茶，据说原名叫做"香煞人"，康熙南巡时感到此名不雅，遂赐名"碧螺春"，此茶芳馨沁人肺腑，茶味甘醇隽永，为我国绿茶中的珍品。江南为什么会形成这些名茶品种呢？

原来，茶叶喜欢生长在温暖湿润、云雾缠绕的山地丘陵。它喜温而又怕强烈的阳光照射，喜湿而又不宜根部被水浸泡。我国江南多山地丘陵。一些地方江河湖泊相邻，终日云雾飘浮不散，特别有利于茶树的生长。

我国不少地方出产黑木耳，但品质优良者则产自黑龙江省。黑龙江所产的木耳朵大而呈莲花状，色黑而有光泽。黑木耳营养丰富，常食之能够降低血脂，是一种保健食品。据说一位华人在美国被查出患有高脂血症，一段时间之后，再去医院复查时，血脂恢复了正常。美国医生感到迷惑不解，问及饮食，这位华人说，他每天均吃一些黑木耳炒肉片。因此，有人认为，黑木耳具有神奇的降血脂功能。黑龙江省出产优质黑木耳，是因为这里有面积广大的柞树林，而柞树特别有利于优质黑木耳的生长。在柞树的干枯枝杈上，还生长着口味鲜美、营养丰富的猴头菇。

我国辽宁省出产肉质鲜美的对虾和名贵的海产品鲍鱼，且以品质优良著称。这与辽宁省的近海环境有关。对虾喜欢生活在海底为泥沙的浅海一带。每年3～4月，随着水温升高，黄海的对虾游到北部的渤海产卵。到了11月，随着水温下降，新生的对虾又向南游至黄海。因此，辽宁沿海是捕捞对虾的好地方。鲍鱼虽然名叫鱼，其实它属于单壳贝类。鲍鱼喜欢生活在水流急、海藻多的岩礁地带。在渤海沿岸的大连和长山八岛一带，正好符合鲍鱼的生长条件。这里出产的鲍鱼个大而形圆，是鲍鱼中的优良品种。

西北内陆新疆、甘肃等地出产的瓜果，糖分含量高，品质好，远近闻名。哈密瓜有多个品种，如皮色金黄、肉质细白的"黄金龙"，青皮红瓤的"红心脆"，皮上有墨绿色条纹而瓜瓤呈翠绿色的"黑眉毛"等。甘肃的兰州白兰瓜皮白而瓢绿，香甜可口。据说吃了白兰瓜后，要马上把嘴唇擦干净，否则蜜蜂会来叮嘴唇。西北内陆出产糖分高、口感好的瓜果，与当地气候条件密切相关。这里夏季光照充足，昼热夜凉，有利于晚上减弱瓜果的呼吸作用，使其大量养分积累起来。这里有冰雪融水进行灌溉，灌溉水洁净，也没有下雨连绵不断而造成田间积水的状况。这些条件，使西北内陆地区的瓜果特别香甜。

我国西藏出产牦牛。牦牛不仅肉质鲜美，而且耐寒冷，善驮运，有"高原之舟"的美称。牦牛的绒毛又多又长，利于抵御青藏高原严寒的天气。另外，西藏还出产麝香、雪莲、虫草、贝母等贵重中药材。

上述土特产品的例子表明，一地土特产品的形成，常常与一地气温、光照、水分、土壤、水质、植被等多种因素有关，也与一地居民特有的生产工艺和技术相连。小小土特产品，往往蕴含着十分丰富的地理知识。

我国北方地区能够种植甘蔗吗？

我国的甘蔗主要分布在广西、广东、台湾、海南、福建、四川、云南等地。有人想，若把甘蔗种到我国北方去，行不行呢？我国北方地区适合甘蔗生长吗？

人们在湖北、安徽、江苏、河南等地，也曾种过少量的甘蔗。但是，由于这些地方位置偏北，热量不足，冬季易受霜冻危害，甘蔗单产低而含糖率不高。生产 1 吨蔗糖往往需要种 7 ～ 8 亩蔗田，经济效益差。而在珠江三角洲，平均每生产 1 吨糖，只需要 1.7 亩蔗田。

甘蔗生长对热量条件要求相当高。在甘蔗整个生长期内，日平均气温要达到 18℃～ 30℃。10℃以上的积温要达到 5500℃～ 6500℃。如果日平均气温低于 10℃，甘蔗则停止生长。冬季极端最低气温低于 0℃，则易受冻害。另外，甘蔗需水量大，要求日照充足，土层深厚肥沃。而我国北方地区 10℃以上的积温不足 4500℃，一月份平均气温低于 0℃，极端最低气温则更低，年降水量一般不足 800 毫米，且季节分配不均匀。因此，我们北方地区是不适宜甘蔗生长的。

世界甘蔗生产也集中在水热条件优越的一些国家。1997 年巴西和印度分别生产甘蔗 3.29 亿吨和 2.65 亿吨，占世界甘蔗总产量的 27% 和 22%，是世界上生产甘蔗最多的两个国家。古巴 1997 年甘蔗产量在 4000 万吨以上，尽管产量比巴西和印度低得多，但古巴 1997 年人口数为 1107 万，比上述两国少得多，故本国消费蔗糖有限，蔗糖出口量大。从甘蔗在世界上分布看，其主要集中于水热条件优越的一些热带地区。

那么，我国北方地区应该种植什么糖料作物呢？其实，适合我国北方一些地区种植的糖料作物是甜菜。甜菜性喜温凉气候，需要有充足的日照，但它耐寒耐旱，还耐盐碱。我国东北平原、内蒙古河套地区和新疆玛纳斯地区，甜菜分布比较集中，是我国甜菜主要产区。世界上生产甜菜比较多的国家是法国、德国、美国、乌克兰、俄罗斯等。

若把甜菜种到我国南方地区，能不能获得高产呢？我国南方地区也有甜菜零星分布，但其甜菜产量低、含糖少。这是因为：在南方，甜菜是作为越冬作物种植的，春季气温升高后，甜菜芽叶即开始生长，致使块根内积累的糖分迅速下降。南方地区日照也不如北方，加上南方多阴雨天，甜菜多发病害，更不能适应南方一些酸性强的土壤。因此，我国南方地区尽管水热条件优于北方地区，但对性喜温凉的甜菜而言，有诸多不利之处。所以总的看来，我国南方地区不太适宜甜菜生长。

甘蔗和甜菜属于糖料作物，它们的分布地区明显不同。那么，其他作物的分布，也都是有明确的地区界限吗？例如，我国南方大量种植的水稻，在我国北方也能够种植吗？

我国水稻分布是南方多而集中，北方少而分散。长江中下游稻区，是我国水稻种植最集中、稻谷产量最大的地区。洞庭湖平原、江汉平原、江淮地区、太湖平原、鄱阳湖平原、成都平原等地水稻种植最为集中。我国北方地区水稻生产比较少，分布也较分散。其中，相对集中的分布地，有辽河中下游平原、吉林东部的山间盆地、黑龙江省牡丹江一带的谷地平原、河北省海河下游低地、宁夏的银川平原等。我国北方地区尽管稻谷总产量较少，但米质优良，很受食用者欢迎。

造成我国水稻分布南方多而集中，北方少而分散格局的原因，主要是受水分条件的限制。稻谷是喜温喜湿的作物，需水量比旱地粮食作物要多 3 ~ 4 倍，故适宜种植在雨量充沛、水源较多、灌溉便利之处。我国夏季全国普遍高温，北方地区的热量条件是能在夏季满足水稻生长需要的。但我国北方大部分地区因水分条件不如南方地区，年降水量一般不足 800 毫米，因此，北方水稻主要分布在有灌溉水源的平原和盆地。水稻面积的安排基本上是"以水定稻"。

因此，我国北方地区不像南方地区水稻大范围的集中分布。

可见，我国北方地区不适宜种甘蔗，这主要是因为热量条件的限制。北方地区可以种水稻，但分布分散，这主要受制于北方的灌溉条件。因此，不同的农作物布局，往往受到不同地理环境条件的限制。

云贵高原为什么很少产棉花?

棉花是喜温作物，生长期长，从出苗到吐絮的 145 ～ 150 天内，要求不受霜冻。按此条件，棉花应该分布在纬度比较低的地区。但是，我国目前生产棉花最多的省区不是位于南方，而是位于西北的新疆，这是为什么呢? 再往南看，为什么纬度相对较低的云贵高原很少出产棉花呢?

据统计，在"九五"期间，新疆棉花种植面积达 1492 万亩，占全国棉花面积的 26.2%；棉花总产量居全国第一。2000 年新疆棉花产量达 3000 万担，占全国的 37.1%；棉花平均单产水平亦居全国前列，2000 年平均亩产 100 千克；高等级棉竟占到全国的 87%，是高等级棉生产的绝对"大户"。

新疆的棉花主要分布在塔里木盆地。另外，准噶尔盆地和吐鲁番盆地也有部分棉花分布。就塔里木盆地而言，其纬度基本上在北纬 37° 以北，比云贵高原高得多。但是，塔里木盆地地处内陆，夏季气温高，日平均气温 15℃以上的天数达 150 ～ 180 天，7 月份平均气温大多在 24℃以上，能满足棉花对热量的需要。该盆地降水稀少，但周围高山有冰雪水源可供灌溉。该地还是全国所有棉区中日照最充足的棉区，年日照时数在 2600 ～ 3300 小时，对棉花开花、结铃、吐絮十分有利。加上该地区昼夜温差大，十分有利于干物质的积累和棉纤维的生长。另外，该地气候干燥，棉花病虫害也因此较少。该地种棉花机械化程度较高，已采用飞机喷洒农药治虫和化学除草催熟等新技术。因此，此区不仅棉花产量高，棉花质量也是全国最好的。

再来看云贵高原。云贵高原除了其南部有少量棉花分布外，其他地区基本上不种棉花。云贵高原尽管纬度比较低，全年 10℃以上的积温大多达

5000℃～5500℃，但是，它夏季气温不高，7月平均气温大部分地区不足24℃。夏温不高限制了棉花在云贵高原的分布。贵州阴雨天多，光照不足，也限制棉花生长。另外，该区热量条件好的南部地区可种植经济价值更高的热带、亚热带经济作物，这也使棉花生产受到很大限制。

广东和福建热量条件充足，为什么也基本上不出棉花？该地区由于夏季高温多雨，棉花病虫害严重，棉花烂铃多，加上该地土壤多红壤和砖红壤，土壤酸性大，对棉花生长不利。

自20世纪50年代以来，世界棉花集中产区具有向干旱、半干旱地区转移的趋势。这些干旱、半干旱地区具有灌溉条件的保证，能够满足棉花对水分的需要。这些地区光照充足，棉花病虫害少，品质优良，单产水平也比较高。如中亚的乌兹别克斯坦、土库曼斯坦等国，美国的一些西南部地区、埃及的尼罗河谷地等，均成为棉花种植集中地区。新疆成为我国最大的棉花产地，与世界上这种棉花布局变化的趋势是一致的。

为什么经济发展此起彼落？

人们一般认为，随着一个国家或地区经济的发展，各类产业均应获得发展；然而事实却并非如此。在一个国家或地区里，随着经济的发展，某些产业获得了巨大的成功，而另一些产业却不可避免地走向衰落。这是怎么一回事呢？下面我们来分析一些例子。

长期以来，马来西亚的天然橡胶产量一直位于世界首位。在 1979～1981年，马来西亚平均年产天然橡胶 153.7 万吨，而同期印度尼西亚的天然橡胶年产量为 98.2 万吨，泰国仅为 50.2 万吨。在 20 世纪 80 年代末，马来西亚天然橡胶产量还是位居世界首位，1988 年，马来西亚生产天然橡胶 166.2 万吨，超过当年天然橡胶产量居世界第二位的印度尼西亚 40 多万吨（该年印度尼西亚生产天然橡胶 123.5 万吨）。进入 20 世纪 90 年代后，马来西亚天然橡胶生产出现了全面滑坡。1991 年，马来西亚天然橡胶产量被泰国超过，失去了"橡胶王国"的桂冠。之后，马来西亚天然橡胶生产的地位进一步下降。据联合国粮农组织数据库的资料，在 2000 年，世界上生产天然橡胶最多的是泰国，产量为 224 万吨；第二位是印度尼西亚，产量为 149 万吨；马来西亚位居第三，产量仅为 77 万吨。可见，今日的马来西亚，不仅不能称为"世界第一天然橡胶生产国"，而且产量已被泰国和印度尼西亚远远超过。马来西亚天然橡胶生产为什么会发生衰落呢？

我们知道，马来西亚在 20 世纪 90 年代，经济发展比较快，一些新兴的工业部门，如电子工业，获得了高速的发展。1996 年，马来西亚人均国民生产总值达到 4370 美元，大约是泰国的 1.5 倍，是印度尼西亚的 4 倍。与此同时，马来西亚劳动力成本抬升，平均工资超过泰国和印度尼西亚的 1/3 甚至 1 倍。而天然橡胶生产需要花费大量的劳动力。一般一棵橡胶树每隔一天需要割一次胶，一个工人每天工作 10 小时，大约只能割 400 棵橡胶树。这样，马来西亚天然橡胶生产的劳动力成本大大超过其附近的泰国和印度尼西亚。在马来西亚，经营天然橡胶生产的利润明显地减少了，这就造成天然橡胶生产的萎缩。马来西亚的年轻人也因为割胶收入不高，纷纷流入他地谋生，这也给橡胶生产带来不利的影响。

我们再来看看我国粮食生产格局的变化。我国建国以后，长期以来是南粮北调的局面。我国南方是亚热带和热带湿润地区，水热条件优越，适宜粮食作物生长，人们也有长期积累的种植水稻的生产经验，粮食亩产水平明显高于北方地区。因此，南方每年有余粮调往北方。但是，近年来，我国粮食生产的格局发生了重大变化。现在不是南粮北调，而是北粮南运——北方的粮食大量运往南方。这又是怎么造成的呢？

我们知道，近些年来，我国东南沿海地区经济发展比较快。但这些地区的农民发现，就经济收益而言，种粮食作物不如种经济作物。例如，据 1994 年统计，东南沿海每亩地的纯收益是：种粮食 143 元，种油料作物 251 元，种水果收益更高。种地与务工或经商相比，种地的经济收益一般又不如后者。于是，一些粮田改种了别的作物，一些农民不再种地，而去务工或经商，使粮食生产受到影响。而我国北方地区土地资源比南方丰富，一些地区通过农田水利建设、改良低产田和选用优良品种等措施，粮食产量大大提高。如过去自然灾害频发的黄淮海平原，现在也成了我国一个重要的粮食产区。于是，北方粮食有余，南方粮食不足，北粮南运自然产生了。

类似的例子还很多。例如，苏北地区具有劳动力价格比较低的优势。这里的农民养鸡，进行禽蛋的生产，就很有竞争力。又如，我国在改革开放以后，利用劳动力资源丰富的优势，大力发展劳动密集型产业。现在，我国已成为世界服装、鞋类、空调机等产品的出口大国，而美国则从劳动密集型产业中撤出，集中力量发展高技术产业和第三产业。近年来，我国经济发展又面临不少新的问题，我们现在正致力于调整产业结构。这一切告诉我们，随着一个国家或地区经济的发展，其劳动力价格会逐渐上升，它就会逐渐失去发展劳动密集型产业的优势。适合它发展的是高技术产业和第三产业。因为在经济发达的国家或地区，其科学技术水平一般比较高，居民和社会各行各业也产生了更多的服务需求。讲到这里，我们不难理解，一个国家或地区，在其经济发展到一定程度之后，必须及时调整其产业结构。这样，才能发挥其地区优势，使其经济进一步发展。

为什么一些国家经济高速发展?

　　瑞士是又一个经济发展卓有成效的国家。瑞士是一个内陆国家,无出海港口,对外交通有所不便。瑞士矿产资源也不足,大部分地区属于阿尔卑斯山山区,地势比较高,有"欧洲屋脊"之称,这对发展耕作业也有不利的影响。但是,瑞士多高山和峡谷,山间湖泊风光秀丽,因此,瑞士大力发展旅游业,旅游业为瑞士带来大量的外汇收入。以湖光山色著名的日内瓦城,每年吸引大批游人前往,许多世界重要会议在此召开,故日内瓦有"世界会场"之称。瑞士还发展需要原材料相对较少而对技术要求较高的精密机械加工业,瑞士的钟表业享誉世界,所产钟表95%供出口。瑞士还利用其"中立国"的地位,大量吸收外国资本,大力发展金融业,使其也为国民经济发展作出重要贡献。1996年,瑞士人均国内生产总值达到4.16万美元,成为世界上知名的富裕国家。

　　地处西亚的沙特阿拉伯,则是另一种经济发展模式。沙特阿拉伯境内气候干旱,水源缺乏,沙漠广布,沙漠面积约占全国的一半。沙特阿拉伯过去是一个落后的游牧国家,大部分居民过着世代相传的游牧生活。后来,沙特阿拉伯发现了异常丰富的石油资源。1980年,其石油产量达到4.96亿吨。此后二十多年,平均年产石油4亿吨上下。而且,沙特阿拉伯石油储量十分丰富。据1991年的统计,那里的石油探明储量约占当时世界的26%。丰富的石油给沙特阿拉伯带来了巨大的财富。若按每吨石油200美元计算,沙特阿拉伯一年4亿吨上下的石油产量可给它带来约800亿美元的收入。若把这些收入平摊在该国2035万人口之上,平均每人可得将近4000美元,这相当于今日许多发展中国家人均国民生产总值的好几倍。沙特阿拉伯利用石油出口,获得大量外汇，再用这些资金大力发展石油化学工业、农业等部门，使本国经济逐渐走向了多样化。

新加坡的经济发展是又一个扬长避短的典范。新加坡的国土面积仅为 641 平方千米，但人口达到 402 万（2000 年），人口密度超过每平方千米 6000 人，是世界上人口密度最大的国家。面对巨大的人口压力，新加坡充分利用其扼守马六甲海峡这一独特的地理位置优势，利用船舶在此停靠需要提供维修、炼油服务的机会，大力发展造船修船业和炼油工业。现在，新加坡不仅能够修造多种多样的船舶，而且还发展成为重要的世界海洋石油钻井平台的生产基地。新加坡还成了东南亚的石油加工中心。在 20 世纪 70 年代后期，新加坡利用本国人力资源优势，开始大力发展电子工业。现在，新加坡在电视传真设备、电话、光纤光缆等领域，均形成相当大的生产规模，其电脑硬盘驱动器的产量居世界前列。新加坡还利用其城市环境优美、航空交通方便、购物便宜等优势，大力发展旅游业，每年接待大量外国游客。1995 年，"弹丸之地"的新加坡接待了近 714 万人次的外国游客，该数大大超过了本国人口数。1996 年，面积不大的新加坡旅游外汇收入高达 94 亿美元，旅游业也为新加坡的经济作出了不小的贡献。1998 年，新加坡人均国民生产总值达到 32940 美元，超过大多数欧美发达国家的水平。

上述几个国家发展经济，分别有自己的有利条件，也各有一些不利因素。这些国家经济发展成功的共同之处是，充分发挥了自身有利条件的作用，避免了不利因素的影响，形成了各具特色的经济发展模式。这就是经济发展上的"扬长避短"。事实证明，"扬长避短"是今日世界许多国家和地区经济高速发展的一个法宝。

自然资源与环境

引人瞩目的北冰洋

北冰洋大致以北极为中心，被亚洲、欧洲、北美洲所环抱。北冰洋上有大面积的常年不化的巨大冰盖，其面积约占北冰洋总面积的 2/3。在世界四大洋中，北冰洋是最寒冷的。今天，以寒冷著称的北冰洋日益引起人们的重视，这是为什么呢?

北冰洋海域有丰富的矿产资源和特色鲜明的动物，这是北冰洋受人关注的一个重要原因。在北冰洋边缘的海域，特别是加拿大北部沿海一带，石油资源丰富。据估计，这里的石油储量达到 100 亿吨。在北冰洋海底，也发现有不少锰结核。在北冰洋海域，还有海豹、海象和北极熊等动物。它们在长期的进化过程中，形成了抵御严寒的特殊本领。它们身上有保暖的皮毛和厚厚的脂肪层，在冰天雪地的环境中顽强地生活着。在北冰洋巨大的冰块上，常常可以见到有一群群海豹悠闲地躺着晒太阳。它们花斑灿烂的身体紧贴着冰块，圆圆的头不时昂起，警惕地四处张望。海豹是哺乳动物，用肺呼吸，它们在水中待上一段时间后，就要浮出水面换气。若海面到处结冰，海豹会在冰上打洞，然后钻进洞内休息。此时，躯体较大的北极熊会静静地守候在洞口，等到海豹的头一露出洞口，海豹就会被北极熊一口咬住，成了北极熊的一顿美餐。

北冰洋受到人们重视的另一个原因，是北冰洋成了北半球亚洲地区与欧美地区空中的捷径。1957 年，人类首次开通了从日本东京经北极到达丹麦哥本哈根的航空线，使原来 15600 千米的航程缩短了 2700 千米。1969 年，又开通了从日本东京、大阪到欧洲巴黎、伦敦的航空线。我国也在近年完成了北极航线的飞行。为什么不少国家都相继开通了途经北极的航线呢?

我们知道,地球是一个球体。在球体的表面,连接两点间最短的弧线是大圆弧线。在北半球纬度较高的地区,从亚洲到欧美的空中航线,经过北极上空的是大圆弧线,它比飞越太平洋上空的航线要明显的短。这样,对航空公司来说,它能够节省运营成本,降低票价。对旅客来说,途经北极上空的飞行,除了票价比较便宜外,还可以缩短旅行时间。例如,从亚洲东海岸飞经太平洋,再停美国中西部城市中转,最后到达美国东海岸,这样,约需花费 18 小时飞行时间和 1 小时中转时间,总共需要 19 小时。若飞越北极上空,可以直飞,在空中大约只需花费 15 小时,足足节省了 4 个小时。

不过,北极航线也有一些不利之处。北极地区没有导航台和指挥中心,北极飞行的服务是由附近的美军基地提供的,因此,有一个大约半小时的通讯盲区。由于地球磁场分布的原因,飞越北极上空的乘客要受到比较多的射线的影响,一般一次飞行所受的辐射量相当于 3 次胸部 X 光照射的辐射量,这对人体健康有一定的影响。另外,北极地区气温低,飞行还要解决燃油冻结的问题。

北冰洋引起世人关注的再一个原因是其在军事上的重要作用。在 20 世纪80 年代后期,前苏联和美国相继在北冰洋冰下部署核潜艇。由于上有冰层覆盖,侦察卫星无法得知核潜艇的位置。又由于浮冰不断碰撞挤压和相互破裂发出巨大声响,使得专门侦察潜艇的声呐装置也发现不了核潜艇的踪迹。而核潜艇一浮出水面,北半球所有的目标均在它的射程之内。鉴于北冰洋对核潜艇具有这种天然形成的隐藏作用,前苏联和美国两国的核潜艇在北冰洋下游弋不断,甚至发生碰撞事故。

在北冰洋沿岸,还生活着人数不多的因纽特人。他们祖祖辈辈生活在这冰天雪地的环境中,以狩猎和捕鱼为生。他们的交通工具很特别,是用狗拉的雪橇。因纽特人穿毛皮制成的衣服,住的是用冰块盖成的小屋。因纽特人是地球上生活在最北面的居民,他们独特的生活方式也具有很大的旅游吸引力。现在,因纽特人也开始用起了现代生活用品,不过仍然保留了不少传统的生活方式。

大海的威力

1952 年 12 月 16 日，一艘美国轮船在海上遭到了巨浪的袭击。大船被海浪劈成两半，一半抛到岸上，另一半随风浪越漂越远。为什么这条船会遭此劫难呢？原来，这一天风急浪高，船的行驶方向又与波浪的传播方向一致，结果，波峰把船的中间部分高高举起，而船头和船尾则悬在波谷之上，就这样，大船被波浪拦腰折断。

还有一种巨浪叫做海啸。所谓海啸，主要是指由于火山爆发、海底地震等原因引起的海底大面积升降，从而造成巨大的浪涛。沿海地带的山崩和滑坡也会造成海啸。1960 年智利大地震引发了巨大的海啸，在智利 500 千米沿岸的海面，巨浪波高平均为 10 米，最高达到 25 米。这次海啸到达夏威夷群岛时，波高为 9 米；到达日本时，波高还有 8.1 米。巨浪如排山倒海，冲毁防波堤和无数房屋，把夏威夷群岛某处重达 10 吨的巨石翻转，抛到 100 米外处。1963 年 4 月 18 日，巴西著名城市里约热内卢受到海啸袭击，巨浪犹如从天而降，把马路上人群冲倒，把汽车冲翻。巨浪还冲毁许多家商店，人们处在惊恐万状之中。

若你在农历 8 月 18 日到浙江省海宁的盐官镇，你可以亲眼目睹大海的威力。当大潮来临时，远远望去，在海天相连之处，似有一道白色的弧线在滚动。渐渐地，潮声越来越大。突然，在人们的惊叫中，潮头似一堵白墙，猛然向塘堤扑来，发出一阵阵轰鸣，浪花四溅，气势磅礴。苏东坡有诗曰："八月十八潮，壮观天下无。"

为什么会形成海宁大潮呢？

我们知道，海洋水面发生周期性的涨落现象叫做海洋潮汐。太阳和月球均能引起潮汐。太阳的质量比月球大得多，但月球与地球的距离又比太阳与地球的距离近得多。因此，当月球、太阳和地球几乎在同一直线上时，月球和太阳引起潮汐的力叠加，可以形成海洋大潮。杭州湾的喇叭口形态也是产生涌潮的重要因素。由于海湾口由宽变窄，加上此处海水由深变浅，使得入河潮水的水位突然升高，犹如陡立的水墙，汹涌前进。加上农历八月十八前后，此处多东南风，这样，风助潮势，使涌潮更为壮观。据文献记录，海宁最大潮差为 8.93 米，每秒通过的水量达数十万吨。

大海的威力如此巨大，这不由得使人们在想，能不能利用大海的力量进行发电，以解决人类由于石油、天然气等矿物资源日趋紧缺而造成的能源问题呢？

有人估计，世界波浪能源的可利用总量为 10 亿千瓦。若日本的波浪能全部开发利用，可满足其国内所需能源的一半。我国已用波浪能制成供导航用的灯标装置。至于波浪能的大规模利用，尚有不少技术问题有待于解决。

也有人估计，世界可利用的潮汐能有 6.35 亿千瓦，但目前开发利用不多。1967 年，法国建成世界上最大的潮汐电站，总功率为 24 万千瓦，运行价格与核电和火电接近，今后有进一步发展的潜力。我国浙江、福建一带潮差比较大，是今后发展潮汐电站的主要场所。我国已建成江厦潮汐电站，设计装机容量为 3000 千瓦。沿海一些小的潮汐电站也有不错的效益。1964 年，浙江温岭的沙山潮汐电站发电，其功率为 40 千瓦，可供 1300 户居民照明，还能电灌 800 亩土地。有人认为，我国若在长江口北支流建潮汐电站，其装机容量可以达到 100 万千瓦。

近些年来，人们发现海底有大量的"可燃冰"。所谓"可燃冰"，是指在海底温度低、压力大的环境下，天然气被包进水分了中而形成的透明晶体，叫做天然气水合物，因其外形似冰，且可燃烧，所以人们把它叫做"可燃冰"。据估计，全球"可燃冰"的总能量是所有煤、石油、天然气能量总和的 2～3 倍。但是，"可燃冰"不易开采和运输，对其开发利用尚处于研究阶段。

有人还指出，利用海水的温度差和盐度差均能发电，而且能量巨大。据估计，若全部利用海水的温度差发电，能够满足全世界对能源的所有需求。现在，人们已经开始探索利用海水温度差和盐度差发电。

在近海海域，人们已经发现海底蕴藏着大量的石油和天然气，并已进行了大规模的开采。上海市民已经开始用上了东海海底的天然气。今后，海底油气资源开发还有进一步发展的潜力。

海水中还蕴藏着数量巨大的氢的同位素，这是进行核聚变反应的燃料。如果人类有一天可以使核聚变发电得到商业利用，大海又将为人类提供源源不断的能源。

大海是能源的宝库。只要人类掌握开发利用大海能源的技术，人类将会获得长时间的充足能源。

缺水的世界是什么样子的?

在一次强烈的地震中,某城市大片的建筑物倒塌,许多人被压在砖瓦之下。救援人员连续几天寻找和抢救受伤的人。几天之后,当救援人员认为几乎不可能再找到生存者的时候,他们听到瓦砾中传出微弱的求救声,结果,他们发现,在瓦砾中还有几名幸存者。这些人为什么能够生存下来呢?原来,他们在瓦砾中偶然发现身边还有一些水,就是依靠这一点水,这几个人竟奇迹般地生存了下来。

人的生存不能离开水。一个人几天不吃东西,只要有水喝,还有可能生存下来。但是,一个人只要三天不喝水,就会丧生。水为什么如此重要呢?这取决于水在人体中的作用。水大约占人体重量的70%。人体内的血液、淋巴液等,其基本成分都是水。若没有水,血液就无法流动,身体各部分无法获得必需的氧气和养料,其产生的废物也无法排出。这样,生命活动就无法进行。

在炎热的夏季,人们通过出汗而使体温保持正常。因为汗液的基本成分是水,水在蒸发过程中会吸收大量的热量,从而不使体温过高。若一个人在高温环境下干活,就会大量出汗,此时如果不及时补充水分,就可能发生中暑。2003年5~6月,印度受到持续多日的"热浪"天气袭击,许多地方气温上升到45℃以上,个别地方的气温甚至超过50℃,结果,许多人中暑,死亡人数超过1000。

若缺水严重,农作物会枯萎死亡。农作物的生长需要消耗大量的水。有人计算。每合成1克水稻有机物质,仅蒸腾消耗的水分就达到500~600克,更不用说水稻田本身水面蒸发还要消耗大量的水分。在20世纪80年代,非

龟裂的土地

洲东部遭遇严重旱灾而造成粮食严重不足，许多农民沦为难民。缺水还会造成大片的林地和草原变成荒漠，造成生态环境恶化。

若缺水状况延续，江河湖泊水位会明显下降，严重时会造成河流断航的结果。2002～2003年冬春季节，我国山东省连续少雨，结果造成大运河水位严重下降，许多船舶因此无法航行。

缺水还可能使许多工业部门遭受重大损失。许多工业部门生产过程中需要大量用水，例如，每生产1吨钢铁，需要用冷却水100吨，缺水会影响钢铁的生产。印染厂、造纸厂不仅用水量较大，而且对水质的要求也比较高。

缺水还可能造成城乡居民疾病的流行。因为缺水，许多居民不得不饮用不干净的河水或池塘水，可能造成疾病的传播和流行。一些地区由于缺水，还可能造成严重的社会问题。如果一条河流流经几个地区，那么，上游居民过多引水灌溉，就可能造成下游居民的用水不足，双方有可能因水资源分配问题产生矛盾。

缺水会给我们这个世界带来各种各样的问题。对此，必须引起全社会高度重视。

为何"水球"闹水荒?

地球的总表面面积是 5.1 亿平方千米,其中海洋面积达到 3.61 亿平方千米,约占全球总表面面积的 71%。因此,有人把地球称作"水球"。

但是,在今日世界,约有 80 个国家的 15 亿人口面临淡水不足的问题。其中,29 个国家的 4.5 亿多人,完全处于缺水的状态之中。据预测,到 2025 年,全世界因为缺水而成为难民的人数将达到 1 亿之多。我国也有不少地方缺水。在全国 666 个建制市中,有 330 个缺水,其中严重缺水的有 108 个。我国有 32 个百万人口以上的大城市,其中竟有 30 个长期存在缺水的问题。

为什么有这么多的地方缺水呢?

地球尽管总水量巨大,但是,其中 97.5% 的水是咸水,尚难直接被人类所利用。人类大量需要的淡水,只占总水量的 2.5%,而就在这一部分淡水中,有 70% 左右分布在极地的大陆冰盖之中,目前也尚难利用。而剩下的部分,又大多存在于土壤之中和地下深处,也难以开采。人类目前比较容易利用的是河湖水和浅层地下水。但是,它们加在一起,不足世界淡水总量的 1%。因此,尽管地球有"水球"之称,但是,随着人口的增长和生产的发展,人类用水量急剧增加,于是,在一些淡水分布比较少而用水量比较大的地区,便出现了严重的缺水问题。

我国哪些地方缺水比较严重呢?我们应该怎样解决这些地区的缺水问题呢?

据 1994 年统计,华北地区在该年 4 ~ 5 月因供水不足而使冬小麦产量大受影响,实际产量大约相当于春季灌溉充足情况下产量的 73%。也就是说,因春季灌溉不足而造成冬小麦减产 1/4 以上。

华北地区人口占全国 15%，耕地占全国 17%，而水资源总量只占全国的 2%。而且，华北地区全年 65% ～ 85% 的降水量集中在 6 ～ 9 月，而 3 ～ 6 月的降水量仅占全年降水量的一小部分。但春季正好是农作物生长需水较多的季节。冬小麦因气温回升而生长迅速，需水量大。棉花在苗期也不能缺水。春季，土地蒸发量因气温上升而增加，更加剧了农田缺水的情况。所以在华北地区的春季，农作物灌溉用水十分紧张。近年来，华北地区因地下水开采量过大，已形成了地下漏斗，天津市地面下沉也相当严重。因此，若再大量依赖地下水来进行春灌，也会造成很大的问题。

华北地区还需要大量工业用水和居民生活用水。因此，在华北地区节约用水的同时，进行南水北调，调出一部分长江水解决华北地区缺水问题，将可大大缓解华北地区缺水的状况。长江水量丰富，调出长江水量的 5% 到北方，不会对长江产生大的影响。若用东线调水，可利用京杭大运河和沿线湖泊作为输水河道，工程量较小。

我国西北地区是又一个缺水严重的地区。我国西北新疆、青海、甘肃、宁夏、陕西以及内蒙古西部土地面积合计约占全国的 1/3，但水资源总量仅占全国的 8%。西北土地面积广大，又蕴藏着丰富的石油、天然气、钾盐、镍等宝贵的矿产资源，具有巨大的开发潜力。但是，缺水成为开发大西北的一个严重的制约因素。

家住西北甘肃省民勤县西渠镇东胜村的李大仁一家，因为缺水，已经 5 年没有洗过澡了。平时他们喝的水，要用毛驴车从几十里外去买了拉回来，一个来回要花 5 个小时。解决西北地区缺水的问题，已经到了刻不容缓的地步。

解决西北缺水问题的一条思路，是加紧地下水资源的探查和利用。有专家认为，内陆盆地由于地下含水层变化大，补给条件差，地下水的开发潜力不大。也有专家认为，由于塔里木盆地内陆河流有大量水分渗入地下，而沙漠地表的沙粒不会形成毛细管，地下水蒸发极少，因此，从理论上推断，经过漫长时期地下水的积累，西北地区地下水蕴藏量是很大的。由中国科学院和新疆石油天然气公司联合组织的塔克拉玛干沙漠科学考察队通过考察，认为塔克拉玛干大沙漠下地下水资源十分丰富，含水层面积很大，厚度达 200 ～ 300 米。尽管上述两种意见相差很大，但是，塔克拉玛干沙漠之下蕴藏丰富地下水的可能性是相当大的，值得进一步加紧地下水的探查。如果能够探明塔克拉玛干大沙漠底下有规模巨大的地下水蕴藏，那将对绿洲农业发展和塔里木盆地油气资源开发起到不可估量的促进作用。

有人提出，可以把雅鲁藏布江的水调至西北。雅鲁藏布江水量丰富，其年产水量约为黄河的 3 倍。有专家大胆地设想，若在地势较高、水量也丰富的雅鲁藏布江中游河段提升水到高原面，然后把水引至海拔较高的扎陵湖和鄂陵湖，这样，两湖可居高临下向柴达木盆地和塔里木盆地送水。至于提升水所需的动力，可利用在雅鲁藏布江大拐弯处建巨型水电站发电来解决。这个设想新颖大胆，但是，若要实施这个工程，不仅工程量巨大，而且还可能涉及其他一些问题。

还有人提出，可以把新疆北部额尔齐斯河的水引至新疆南部。这个引水工程，需要建水渠穿越广大干旱地区和高峻的天山山脉，工程量也相当大。

若从比较广阔的视野观察缺水问题，探讨解决途径，我们可以发现，人类是可以找出许多办法来解决缺水问题的。

在农业上，用漫灌的方法会使大量的水损失于蒸发和渗漏，而改用浇灌、喷灌和滴灌，可大大节约用水。种水稻用水量特别大，在水资源紧缺的地区，可以换种其他耗水量较少的作物。

在工业上，要采取有力措施防治水污染，并在沿海地区，尽量用海水代替淡水作为冷却用水。

在生活中，增强居民节水意识，防止水管渗漏，采用节水型马桶，这些均能节约不少用水。

在水利设施有保证的地区，适当截留雨水以回补地下水，也是一种有效的节水措施。2000 年 7 月上旬，华北地区出现了一次强降雨过程。北京、河北大部分地区降雨量达 50 ～ 100 毫米，局部地区超过 200 毫米。北京市政府及时作出决策，利用河道的闸、坝和湖泊，一次拦蓄降雨 1400 万立方米。这些水及时回补了地下水，使相当大范围内地下水位上升 1 ～ 2 米。这在地下水严重"透支"的华北地区是十分难得的。据上海水利部门计算，每往地下回补 1 立方米的水，需花费 4 元钱。若按此价计算，北京这一次拦蓄的水量回补地下水，共产生价值 5000 多万元。这样，本来可能产生洪水泛滥的强降水，为人类带来了不小的利益。

近些年来，人们还惊奇地发现，在海洋底部有着十分丰富的淡水资源。这些淡水会在一些海域上泛，形成海上"淡水井"。至于为什么会形成海底淡水，人们对此尚有不同的看法。有人认为，一些靠近海洋的深层地下水流入海底岩层之中而形成海底淡水。也有人认为，当地球内部岩浆上升凝结后，岩浆含有的水汽便集聚起来，形成了海底淡水。尽管对此意见尚没有统一，但是，海底发现淡水，又为人们解决缺水问题增加了一条新的思路。

国外一些科学家发现，一些植物不怕海水浸泡。他们进行了进一步的研究，已培育出用海水灌溉的白菜、甜菜等作物。若哪一天科学家能够培育出用海水灌溉的粮食作物，这将对人类节水起到极大的作用。

海湾的一些国家缺水严重，他们正考虑用船把南极洲的大冰块拖来，使其融化后获取淡水。但此举需使拖船穿越风急浪高的南大洋西风带，颇有风险；而把巨大的冰块分解融化，也可能有不小的困难。

把海水淡化，一直是不少科学家孜孜以求的目标。目前，此项工作也有重大进展。人类从海水中获取廉价淡水的日子，可能为期不远了。

我国矿产资源会用完吗？

有人说，我国地大物博，矿产资源用不完。也有人不同意这种说法。那么，我国矿产资源究竟是多是少？我国是不是会面临矿产资源用完的危险呢？

矿产资源属于不可再生资源，用一点就少一点。按1994年世界主要矿产资源储量和产量计算，有10多种矿产资源使用年限不足70年，其中：石油45年，天然气66年，铀65年，锰61年，镍53年，钨57年，钼54年，铜33年，铅21年，锌20年，锡36年，汞31年，铋28年，金22年，银19年。实际上，矿产资源储量在几十年时间内一般会有所变化，而人类对矿产资源的消费量一般也会有所增加。因此，各种矿产资源实际使用寿命与上述计算会有一定的出入。但上述计算对我们还是有重要的警示作用，即在未来的几十年时间内，若世界矿产资源没有重大的勘探进展，人类使用矿产资源的技术没有大的突破，那么，世界上为数不少的矿产资源将面临枯竭的危险。

我国有一部分矿产资源探明储量居世界前列，其中金属矿产资源包括稀土、钨、锡、锑、钛、钒、钼等，非金属矿产资源包括菱镁矿、石墨、萤石、滑石、石棉、石膏、重晶石等。我国也有一部分矿产资源探明储量不多，矿产供应与消费缺口较大，需要进口补缺。我国不能保证需要，要长期进口补缺的有石油、天然气、铁、铜、锰、镍、金、硼等；主要依赖进口的矿产有铬、钴、铂族元素、钾盐、金刚石等。

可见，我国矿产资源的形势和前景不容乐观。1999年，我国进出口贸易顺差292亿美元；但是，初级产品贸易则为逆差，逆差值为69亿美元。工业中大量需要的石油、天然气、铁、铜等矿产资源（初级产品），我国均需要长期进口补缺。今后，我们应该怎样做，来解决我国一些矿产品种短缺的问题呢？

首先，要进一步加紧我国矿产资源的探查。我国土地面积广大，还有大片的土地没有经过详细的探查。近几年来，我们经过查找，发现了一些很有价值的大矿。例如，据 2000 年的报道，我国在塔里木盆地北部和西部一带，发现了一个远景资源量超过 3 万亿立方米的天然气富集区；在内蒙古鄂尔多斯市发现了苏里格大气田，储量达到 6000 多亿立方米。又如，据报道，我国在新疆天山东部发现了一个特大型铜矿，铜资源量有望超过 1000 万吨，还伴生有金、银、钼等。还有专家经研究后认为，我国西藏的羌塘盆地可能蕴藏着一个大型油气田，油气资源大约在 40 亿～ 50 亿吨。在 2013 年，我国在新疆发现了特大型金矿。

其次，我们可以利用国际矿产资源市场，出口一些我国有余的矿产资源，进口一些我们不足的矿产资源。

再次，我们可以开阔视野，向大海要矿产资源。海洋底下有数量巨大的棕黑色结核状物质，人们把它叫做"锰结核"。它含锰较多，这是一种钢铁工业中不可缺少的重要原料。它还含有镍、铜、钴等多种元素。至于为什么会形成这么多的"锰结核"，至今尚无公认的答案。有人认为，有一种细菌生活在海洋中，它能够有效地吸收水中的锰并将其浓缩，最终形成"锰结核"。世界"锰结核"数量巨大，估计有 1.5 万亿～ 3 万亿吨。若能把它们开采出来，人类是几辈子也用不完的。现在，美国等国家已组成联合开发公司，进行了"锰结核"的开采和提炼，试制生产已获成功。据估计，用"锰结核"提炼出锰、镍、铜、钴等金属，其成本只相当于陆上开采、提炼这些金属成本的 50%～ 75%。

近年来，人们又把解决能源问题的目光聚焦在页岩油上。页岩油是油母页岩经加工而得，对其再进行加工可制成汽油、柴油等。在 19 世纪末期，已有多个国家建立了页岩油开采工业。后来随着石油的大量开采，页岩油工业衰落。近些年来，石油供应日趋紧张，页岩油开采又受到了人们的重视。

美国在页岩油开采和加工上进行了大量的投入。2012 年美国页岩油产量已经达到其国内石油产量的 1/8。我国页岩油储量也相当丰富，今后若在开采和加工技术上有所突破，使页岩油得到大量开发，这将大大缓解我国石油供应的压力。

为什么人们建起了很多核电站?

据报道,到 2000 年底,全世界正在运行的核电站共有 438 座,发电量占世界总发电量的 16%。有 4 个国家核能发电量占其国内总发电量的一半以上。这 4 个国家是:法国(占 76.4%)、立陶宛(占 73.7%)、比利时(占 56.8%)、斯洛伐克(占 53.4%)。在亚洲,韩国核能发电量占其国内总发电量的 40.7%。

为什么人们建起了这么多的核电站呢?

这要从当前世界能源消费说起。目前在世界上,使用最多的能源是石油。但是,石油的探明储量有限,按 1994 年世界石油储量和产量计算,全球石油仅够用 45 年。我国虽然每年都生产大量的石油,但是,我国今后石油供需矛盾有进一步加剧的趋势。这是因为,我国东部老油区的大多数主力油田已进入了开采的中后期,原油采收率较低,采用注水开采方法来保持稳产高产的难度越来越大;而我国西部油气资源开发潜力尽管很大,但是,至今尚没有发现像大庆油田那样的大油田。我国煤炭资源比较丰富,但是,用煤发电会产生大量粉尘以及二氧化碳、二氧化硫等气体,而要控制这些有害物质的排放,则需要很大的经济投入。我国水能资源丰富,但水能发电初期投入相当大,而且建设周期比较长。因此,不少国内外专家都把解决能源问题的目光转向核能发电。

核能发电的燃料有铀、钍、钚等,目前使用较多的是铀 235。当铀 235 的原子核受到中子轰击后,会发生裂变,放出巨大能量,并再放出 2 ~ 3 个中子。这些中子可以通过一定的装置使其数量得到严格控制,再轰击铀 235 的原子核。这样，可以持续不断地获得巨大的能量。

核电站建设初期投资比较大，技术要求高，但是核能发电能量密度高，1千克铀 235 裂变产生的能量相当于 2500 吨标准煤，可大大减少燃料的运输量。我国秦山核电站 30 千瓦机组每年消耗 300 千克铀 235，相当于每年燃烧原煤 100 万吨。在 1991 年，欧洲已实现受控核聚变反应，释放的能量更加巨大。如今后能实现核聚变反应发电，人们可以得到更大的能源。

核能发电虽然能量巨大，但是，不少人担心核能发电的安全性。核能发电是否安全呢？

美国核管理委员会副科学顾问赫·波特对 11 种能源的危险性进行了比较，结果表明，除天然气外，核能是最安全的。我国的秦山核电站，有防放射性物质泄漏的三道屏障，它能确保放射性物质不会泄漏，不会危害人体健康。在现代技术条件下，核反应堆能保证核反应缓慢地、有控制地进行，即使核能量释放过快，或设备部件发生损坏，核反应会自动停止。人类目前利用核能的技术是成熟的。

有人说，建核电站以后，核电站对周围环境多少是有一点影响的。实际上，这种放射性的影响是微乎其微的。核电站正常运行时，附近居民每年接受的放射性剂量为 0.3 毫雷姆。而看一次彩色电视，平均受的放射性剂量约为 1 毫雷姆。如每天吸 10 支烟就会受到 50～100 毫雷姆的放射性辐射。相比之下，燃煤发电不仅要向大气排放大量的二氧化碳、二氧化硫、一氧化碳、氮氧化合物等各类造成危害的气体以及大量烟尘，煤炭中也可能含有一些放射性元素，对环境造成的放射污染可能比核电站大得多，更不用说煤炭开采会造成的井下爆炸、透水等事故。

但是，不少人对核电站总是感到不安全。因为在世界上，迄今已经发生了多起核泄漏事故。例如，在 1986 年 4 月 26 日，原苏联的切尔诺贝利核电站一个反应堆发生爆炸，造成不少人死亡，更多的人受到核辐射的侵害。有专家指出，有关人员的严重违规操作是造成事故的主要原因。另外，在地震多发地区建核电站也可能造成严重的核泄漏。因此，在建设前对核电站进行科学的规划和布局，在投入使用后对核电站的运行进行严格的管理，若做到这一些，那么，在目前技术条件下，核电站的安全是有保证的。

但是，核电站使用到一定年限后，就面临报废的问题。这是比较难以处理的。在国外，常见的高放射核废料处理方式是在人烟稀少处深埋。这些深埋处，在地下几百米甚至1000多米的深处，还要设置防核泄漏的屏障，工程造价相当高，而且即使这样做，也仍然不能杜绝核泄漏的危险。因此，对核废料的安全处理倒是我们应该予以高度重视的。

指南针为什么会失灵？

俄罗斯有一个叫做库尔斯克的地方，当人们经过这里时，会发现有指南针失灵的奇怪现象。过了这个地方，指南针则又恢复了正常。这一现象引起了科学家的兴趣。在十月革命胜利后，列宁派出了一支地质工作队，到库尔斯克地区进行勘察。结果，在地下 100 多米的深处，发现了那里蕴藏着非常丰富的磁铁矿。现在，库尔斯克铁矿已经成为世界知名的特大型矿藏。为什么指南针在这个地区失灵呢？原来是地底下的磁铁矿规模太大，它尽管被深埋，但对指南针还是有明显的作用，使指南针不能准确感受地球磁场的作用，从而失去了"辨别"南北的能力了。

由此我们可以知道，有一些矿产资源虽然位于地下深处，但是，它们还是会向人们报告它们存在的信息。人们利用这些信息进行勘探，就可能把这些地底下的宝藏发掘出来。例如，当人们发现在一些海水表面漂浮着油花，那么，便很有可能在此海底找到石油。因为石油会沿着地壳的裂隙泄漏出来，其比重比水小，故会漂浮到水面。又如，当人们发现湖水表面有气泡不断冒出时，则有可能在湖底找到天然气。有些岩石也可以成为找矿的线索。例如，有一种颜色比较深的岩石叫做金伯利岩，它是金刚石矿的母岩，因此，若发现这种金伯利岩，便有可能找到金刚石矿。有些植物也具有指示矿产资源存在的功能。例如，一种叫做海州香薷的植物，能够指示地底下可能埋藏着铜矿的矿脉。在山东，有一种植物叫石竹，人们把它叫做"金草"，因为石竹生长茂盛的地方，地底下常常有黄金。

如果我们把视线从局部地点扩大到更大范围的地区，那么我们可以发现，大地便会向我们提供更有价值的找矿信息。我国著名地质学家李四光先生经多年研究，创立了地质力学的理论。该理论的应用范围十分广阔，其中之一便是用来找矿。该理论认为，我国大地存在着隆起带和沉降带相间分布的格局，其中大型隆起带多有金属矿分布，而大型沉降带则分布有石油。根据李四光先生的理论，地质工作者在沉降带中相继发现了大庆、大港、胜利等大油田，为我国经济建设作出了巨大贡献，也宣布了一些国外学者所认为的"中国贫油论"的破产。

在矿产资源开发中，还有一种有趣的现象，即当某种新的矿产被发现时，一开始人们还误认为它是另一种矿产。相传在明朝末年，人们在湖南省中部一个叫做锡矿山的地方，发现了有一种矿石，用它冶炼后得到的金属，其形色与锡相似，当时人们误认为这是锡，故把此处叫做锡矿山，此名称一直沿用至今。其实，这里所产的金属不是锡，而是锑。锑具有热缩冷胀的特殊性能，人们利用此性能，在铅里加入一定量的锑，这样制成的材料可用作印刷厂里的铅字，它不会因为天气冷热变化而使印出来的字模糊不清。锡锑合金外观漂亮，人们用它代替白银作餐具和装饰品。今天，锡矿山因为盛产锑被誉为"世界锑都"，它的锑金属储量占世界的60%，锑品产量占世界的40%。

更令人称奇的是，有一个叫做瑙鲁的太平洋岛国，整个国家有2/3的土地上覆盖着一层厚厚的磷酸盐，即一种有用的磷矿资源。有人说，瑙鲁人是生活在矿产资源之上的。瑙鲁领土面积不大，只有24平方千米，但每年有大量的鸟类飞到此地，留下大量的鸟粪和鸟蛋，经过漫长岁月的积累，这里便形成了好几米厚的磷酸盐矿。该矿不仅数量大，而且质量好，含磷量高达37%。这样，磷酸盐出口成了瑙鲁经济的基础，磷酸盐开采为该国带来了大量的财富。

你知道贵重金属有哪些？

说到贵重的金属，人们自然首先想到黄金和白银。的确，在自然界中，金和银含量比较少，而且分散分布；加上两者外表美观，深受人们喜爱。故黄金和白银很早就成为人们的装饰品材料，后来人们还用它们制成货币。其实，在现代工业中，黄金和白银也有不少的用途。

黄金比重很大，1 立方厘米黄金达 19 克多，比铁还重，所以，人们把黄金放在手中，会感到沉甸甸的。黄金化学性质稳定，在空气中不生锈，熔点也较高，为 1063℃。金笔的笔尖是金铜合金制成的，美观耐用。宇航员到太空中要防止受宇宙射线的辐射，为此，可以在宇航服上镀上一层很薄的黄金，以防止受到辐射。自然界天然大金块不多，有些地方的金成为很小的颗粒与沙混在一起，故有"沙里淘金"一说。金能溶解于水银和氰化钾，但如果不加节制地滥用水银和氰化钾提取黄金，容易造成环境被汞或氰化物污染，危害极大。在 2012 年，黄金产量居世界前列的国家有中国、澳大利亚、美国、俄罗斯、南非、秘鲁、加拿大等。我国黄金生产发展很快，现已成为世界产金大国之一。

山东是我国生产黄金最多的省份，河南、河北、黑龙江、内蒙古、辽宁、吉林也生产黄金较多。全国主要产金区包括胶东地区、小秦岭（含豫西）地区、黑龙江地区、粤西—海南地区、河北地区、陕甘川三省交界地区等。

银是一种白色金属。由于银的导电性十分好，因此，现代各种计算机、通讯设备、火箭、核电站等的各类接触点的接头是用银来做的，这样可以保证接触点经久耐用。溴化银受光照后会分解，且分解程度与曝光时的光线强度成正比，因此，溴化银被用来制造照相底片的感光层。硝酸银有杀菌作用，被用于医疗。溶解在水中的微量的银有良好的杀菌作用，这也是银制器皿受人们欢迎的原因之一。我国银矿含银品位不高，有资料统计，全国银矿平均含银142克／吨，且多数为伴生型银矿。我国银矿主要分布在赣北、陕南、豫南、吉西、冀北、浙江和两广等地。江西银金属储量居全国首位，在贵溪县冷水坑有国内罕见的特大型银矿藏。中国、秘鲁、墨西哥、澳大利亚等国的白银产量居世界前列。

除了黄金和白银外，还有一些金属也十分贵重，例如，铂就是一种比黄金价格更高的金属。铂又叫做白金，在地壳不仅含量很少，而且分布分散。通常从几十吨矿石中，只能得到1克白金。铂在化学工业中常用来作催化剂。制取硝酸要用铂铑合金作为催化剂。在一些精密的化学实验中，需要用白金坩埚、白金蒸发皿等。人们还用铂丝制成电阻温度计，通过测电阻，就可知道所需测量物的温度。近年来，用白金制成的首饰日益受到人们的欢迎。人们把化学性质和物理性质有许多相似之处的铂、钯、铑、铱、钌、锇这6种金属叫做铂族金属。它们耐高温、耐腐蚀，热电性稳定，具有良好的催化性能，用途十分广泛。铂铱合金是制造国际度量衡标准件的材料。铱的耐腐蚀性比铂更强，在常温下只稍受王水腐蚀。锇是所有金属中比重最大者，比重为22.48克／立方厘米。钯在常温下能吸收相当于自身体积800倍的氢气。世界上铂的生产主要集中在南非、俄罗斯等国。我国铂族金属92%以上由甘肃金川白家嘴子铜镍矿生产。目前，我国铂族金属的生产还不能满足消费的需要，每年需要进口。

稀土元素中钐、铕等元素，因为具有特殊的物理化学性能，所以也显得贵重。铕具有吸收中子的良好性能。它吸收中子后生成的同位素，还能有效地吸收中子。人们利用铕的这个性能，制成原子能反应堆的控制棒，控制原子能反应时所放出的中子的数量，保证原子能平稳缓慢地逐渐释放。如果没有控制棒，中子数量会急剧增加，原子能反应会过于剧烈地进行，从而产生危险。钇和铕两种元素在彩色电视机的生产中也发挥重要作用。我们知道，彩色电视机之所以会发出各种颜色的光，是基于红、绿、蓝这三个基色以及由这三种基色搭配而成的各种颜色。绿、蓝两色基质早已符合生产要求，但红色却一直难以达到要求。直到 1964 年，人们使用了钇铕化合物才解决了红色基质的问题。我国是世界上稀土资源最丰富的国家。我国稀土储量 96% 集中在内蒙古，该区的白云鄂博铁矿共生稀土和铌，为世界级特大型稀土矿。

另一种昂贵的金属叫做铍，它的比重比铝还要小，为 1.82 克 / 立方厘米，但强度大，性能特别好，在工业中有特殊的用途。铍在地壳中蕴藏量不算很少，但分布分散，冶炼困难，所以也十分贵重。铍青铜是制造弹簧的优良材料，这种弹簧可以压缩几亿次。铍合金轻而韧，可用来制造飞机的一些重要部件。铍具有良好的散热性，用它来做超音速飞机的制动装置，能有效地散发飞机制动时产生的高热。在原子能反应堆中，由于铍能有效地反射中子，所以铍被制作成中子反射体。铍还用来作为原子能反应堆中高效的减速剂。我国是世界上重要产铍国之一。新疆、广东、湖南、江西、河南等地都出产绿柱石，从中可以提取铍。

还有一些金属或在地壳中含量很少，或分布十分分散，但它们对人类有着不可替代的作用，所以也很昂贵，这里不一一列举了。

哪些矿石最美丽?

说到美丽的矿石,人们往往会想起萤石。萤石大多呈浅绿色、浅紫色和白色,也有的呈玫瑰红色,是一种色彩美丽的矿石。色泽艳丽、结晶完好的大萤石晶体,可作为观赏石,也可以用作工艺美术雕刻品。萤石在紫外线的照射下会发出美丽的荧光,萤石由此而得名。

萤石是人们获取氟的重要原料,故萤石又称为氟石。世界上大约有一半以上的萤石用于化学工业。用萤石可制取氢氟酸,它对玻璃有腐蚀作用,可用来在玻璃上刻字印花。有一种含氟的塑料叫做聚四氟乙烯,耐腐蚀性特别强,就是腐蚀性很强的"王水"也不能腐蚀它,故在化学工业中有广泛的用途,这种塑料也因而被称作"塑料王"。在钢铁工业中,萤石可用作冶炼钢铁的熔剂,使炉渣与金属分离,并起脱硫和脱磷作用。萤石还大量用于炼铝工业。在现代工业中,萤石还用作核工业的试剂和制冷剂,也用作导弹液体燃料的助燃剂。

我国是世界上生产萤石最多的国家,1992年萤石产量达到189.3万吨。湖南省是我国萤石储量最多的省区,其次为浙江和内蒙古。这三省区萤石储量占全国萤石总储量的77.7%。云南、福建、江西的萤石储量也较多。我国也是萤石出口大国。

至于最美丽的矿石,那就要说到各种宝石了。

宝石通常是指颜色美丽、有光泽、透明度高、硬度大的矿石。宝石美观、耐久、稀少,常见的宝石有钻石、红宝石、蓝宝石、祖母绿、碧玺、水晶、黄玉等。有的宝石十分昂贵。在1988年,一颗重52.59克拉(1克拉等于0.2克)的钻石卖到748万美元,其价格比黄金贵得多。

金刚石无色透明，具有强金刚光泽，硬度非常大，其硬度为石英的 1150 倍。金刚石抗酸碱性也很强。金刚石经琢磨后称为钻石，可作为贵重的装饰品。含杂质的金刚石呈黑色，可制作钻头和研磨材料。地壳中天然金刚石十分稀少。熔岩中的碳在很高的温度和很大的压力下，才有可能经过结晶而形成金刚石。博茨瓦纳、俄罗斯、南非、安哥拉、纳米比亚、加拿大、刚果（金）、澳大利亚等国是世界主要金刚石生产国。1977 年，我国山东省临沭县岌山公社常林大队发现一颗重达 158.786 克拉的特大金刚石，为我国迄今发现的最大一颗天然金刚石。

红宝石是红色的刚玉，化学成分是三氧化二铝。纯刚玉透明无色，而含铬的刚玉呈红色，称为红宝石。红宝石硬度也很大，其色彩美丽而透明者为贵重的宝石。世界上红宝石产于缅甸、斯里兰卡、泰国等国家。蓝宝石是蓝色的刚玉。刚玉中含有钛者呈蓝色，称为蓝宝石。澳大利亚、斯里兰卡等国盛产蓝宝石。我国河北建屏、山东蓬莱等地产刚玉。

祖母绿是亮绿透明的绿柱石，化学成分是含铍的铝硅酸盐。祖母绿色彩美丽，硬度大，为一级宝石。哥伦比亚、巴西等国生产祖母绿比较多，且质量好。我国内蒙古、南岭等地产绿柱石，可作为提炼铍的矿石。

黄玉是含氟的铝硅酸盐，一般为浅黄色或酒黄色，质硬而化学性质稳定，也是贵重宝石，主要产于巴西、斯里兰卡、中国等国。我国内蒙古大青山出产黄玉。

水晶是无色透明的石英。主要化学成分是二氧化硅。石英硬度较大，小刀无法刻动石英。石英化学性质极其稳定，除氢氟酸外，不溶于任何酸。含锰的水晶呈紫色，叫做紫水晶；含铁、锰的水晶呈淡红至蔷薇色，称为蔷薇水晶（芙蓉石）；含有机质的水晶呈烟黄色或烟褐色，称为烟水晶。水晶主要产于巴西、乌拉圭、前苏联、中国等国。我国江苏东海以盛产水晶而闻名。1958 年该县房山镇柘塘村农民挖出一块高 1.7 米，重 3.5 吨的大水晶，被称为"水晶之王"。

比重小、用处大的金属

有一些有色金属比重较小，人们把它们拿在手中感到比钢铁轻得多，但是，这些轻金属在工业中有着十分重要的作用。

铝的密度是 2.7 克／立方厘米，比铁小得多，导电和导热性能好，又易于进行机械加工，因此，铝被广泛用于国民经济的许多部门。有人指出，一架普通飞机总重量的 70% 是由铝和铝合金制成的，因此，铝被认为是航空工业大量使用的材料。用铝制成快艇不仅重量轻，有利于提高速度，而且铝没有磁性，不会被磁性水雷发现，因此，铝是制造快艇的理想材料。

铝的表面会形成一层很薄的氧化铝层，使里面的铝不会被继续氧化，起到了保护作用。因此，如果你平时用铝制品（如铝饭盒），你不要经常把铝制品表面的那一薄层擦掉，否则铝制品会被继续氧化。

在铝中加入一定量的铜和镁，便可制成铝合金。它比纯铝的硬度要大得多。铝合金在现代工业中用途广泛。例如，不少人造卫星的外壳是用铝合金做的，它比较轻，从而大大节省了发射费用。又如，美国"战斧式"巡航导弹也大量用铝合金作为其材料。

为进一步提高铝合金强度，人们把一些难熔金属、非金属和其他一些物质加到铝合金中，制成"铝基纤维增强复合材料"，其强度又比一般铝合金要大得多。这种材料已经在一些高性能的战斗机上得到利用。

有人发现，衰老患者脑部神经元细胞核中铝含量比正常健康人高，给动物喂食过量的含铝食物后，动物会出现衰老症状。因此，有人认为，人体摄入铝过量会引起衰老症。有人认为，如果将吃剩的菜放在铝锅内过夜，则可能有较多的铝溶解在菜里，还可能生成铝的化合物，如果经常吃这种食物就有可能加速人脑组织老化，甚至诱发老年性痴呆。

世界上生产铝土矿产量居前列的国家有澳大利亚、几内亚、牙买加、巴西、中国等。我国铝土矿储量以山西为最多，约占全国总储量的40%，其他储量较多的省区是贵州、河南和广西。主要产地为山西中部、河南巩县一带、贵州修文、山东淄博和广西平果等。我国铝土矿总产量较高，但质量较差，提炼金属铝时耗能较多，生产成本高。我国氧化铝和金属铝的产量还不能很好满足经济发展的需要。如在1991年，我国净进口氧化铝4万多吨和铝材3万多吨。

钛是另一种比重较小而用途很大的有色金属。我们知道，制造火箭和导弹的材料需要有较大的强度和较小的比重，而钛正好符合了这两个条件。钛的比重是4.54克/立方厘米，与同体积的钢铁相比，钛的重量只有钢铁一半多一点，但钛的硬度却与钢铁差不多。于是，科学家用钛代替钢铁制成火箭和导弹。钛也因此获得了"宇宙金属"的雅号。

钛还有许多其他优越的性能。

钛的耐腐蚀性很强，强酸和强碱不能腐蚀钛，就连腐蚀性很强的王水也不能腐蚀钛。因此，用钛制成化学工业设备中的一些部件，就有很好的效果。有人用一份硝酸和两份盐酸组成的混合物来腐蚀高级合金钢和钛，一年以后，前者被剥蚀掉10毫米，而后者只被剥蚀掉0.005毫米。

钛的氧化物——二氧化钛被认为是世界上最白的东西，是调制白油漆的优质颜料。二氧化钛还广泛应用于化工、轻工、纺织等工业，是一种有用的工业原料。

钛的一些合金具有比较高的强度，例如，含有一定量钒、铬、铝的钛合金，其强度是一般结构钢的4倍。目前，每年都有大量的钛用来制造飞机和火箭。制造一架超音速飞机要用4～25吨钛。用钛制成的飞机机翼能够耐受500℃的高温和–100℃的低温。四氯化钛在潮湿的空气中会大量冒出白烟。人们利用它的这种性能制成人造烟雾剂。在海洋上，一释放四氯化钛，敌舰的视线就被挡住了。钛酸钡受压时会产生电流。许多超声波仪器也都用到钛酸钡。钛还被用来制作眼镜架、拐杖等生活用品，它重量轻、坚固、不锈等性能，使钛制物品很受人们欢迎。有一种镍钛合金具有神奇的恢复原状的性能。把这种合金在加热过程中加工成一定形状后冷却，不管怎样改变它的形状，只要把它再加热到一定的温度，它就又恢复原来的形状。若用这种材料制成汽车外壳，那么即使汽车受碰撞变形后，只需给它加热，就可恢复原状。

从地表向下 10 千米的地层中，含钛达 0.6%，这个含量比铜高得多。钛的产量也增长很快，世界 1947 年产钛 2 吨，1955 年达 2 万吨，1972 年达 20 万吨。我国是世界上钛储量最多的国家，钛的利用前景十分广阔。我国四川攀枝花铁矿伴生大量的钒和钛等金属，是我国知名的钛生产基地。

世界上比重最小的金属是锂。锂呈银白色，性软，比重仅为 0.53 克 / 立方厘米，与干燥的木材差不多。若把它放在汽油中，它也会浮在汽油之上。

别看锂这么轻，它在现代科学技术中有着非常重要的作用。1976 年我国成功地爆炸了第一颗氢弹，用的就是氢化锂和氘化锂材料。1 千克氘化锂相当于 5 万吨梯恩梯炸药的爆炸威力。1 千克锂燃烧后可以放出 10000 千卡以上的热量，因此，锂也用作火箭的燃料。用锂的同位素可以制得氚，这是一种宝贵的热核反应的燃料。

锂在工业生产中也有多种用途。锂电池重量轻，贮电量大，很受广大用户欢迎。锂和铅的合金叫做巴比轴承合金，耐磨性能特别好。锂与一些轻金属如铝、镁、铍的合金，不仅重量轻，而且坚韧，可用于火箭、导弹、飞机等尖端部件上。把含锂的陶瓷涂在金属之外，可形成耐热性能优异的薄层。在高速飞行的火箭、导弹外壳涂上这种薄层，可以使火箭、导弹能耐受高温。氟化锂对紫外线有很高的透明度，可制作特殊的天文仪器，用以捕捉宇宙中的紫外线。锂的一些化合物是性能很好的润滑剂。氢化锂遇水会产生大量氢气，用氢气给救生艇充气，使在海上遇险人员能够坐上救生艇脱险。

我国是世界上锂资源最丰富的国家之一。锂矿石主要分布在四川、江西、湖南、新疆等地。我国青海柴达木盆地出产一种含锂的卤水，其中还含有硼、钾、镁等元素，具有良好的开发利用前景。从 1979 年起，我国生产的锂不仅能满足国内需求，而且能出口国外。

除了铝、钛、锂之外，还有一些比重小的金属，如镁、铍等，它们在现代工业中也有着很大的用处。

熔点低的金属有何用途?

你见过保险丝吗？当家里电器用电量过大时，保险丝就会烧断从而隔绝了电源，保证家庭用电安全。保险丝与人们现代生活息息相关。那么，保险丝是用什么材料做的呢？

一些金属熔点比较低。例如，锡的熔点为 232℃，铋的熔点为 271℃，铅的熔点为 327℃。而它们的合金熔点，大大低于每一种金属的熔点。因此，人们常用这些低熔点金属的合金制成保险丝，若其温度达到一定限度后，便会自动熔断。

这些低熔点金属除了制作保险丝外，还有许多其他用途。

世界上每年都有大量的锡用来制造镀锡铁皮，作为装食品的罐头材料。因为锡是一种比较安全的材料，锡与食品相接触不会产生对人体有害的物质。锡铝合金是一种常用的焊料。锡的某些化合物还可以用来做颜料。我国锡矿资源丰富，在公元前 2000 年左右，我国就出现了铜锡合金——青铜。1992 年，我国锡精矿产量超过 4 万吨，锡金属产量接近 4 万吨，是世界产锡大国之一。我国锡矿资源高度集中，全国 85% 的锡矿产量来自云南和广西。云南个旧和广西大厂是著名的锡矿产地。国内的锡大多用作制造合金和焊锡材料。

世界上每年都有大量的铅用来制造蓄电池。铅易塑性变形，适合于做电缆的护套。在医院里，做 X 射线透视的医生，其胸前常有一铅板保护身体。因为铅能有效阻止 X 射线透过。铅常与锌共生在一起。我国铅锌矿资源丰富，著名的铅锌矿包括云南兰坪金顶铅锌矿、甘肃成县厂坝铅锌矿、青海柴达木锡铁山铅锌矿、广东仁化县凡口铅锌矿、广西南丹县大厂铜坑矿区等。

铋在航空工业上用作制造飞机的薄质软管及雷达零件材料，在电气工业中用作低熔合金材料。此外，铋还可用来制造轴衬。铋也是制造有色玻璃的一种原料。铋的化合物还用于制药业。我国铋产量大，1991年生产铋精矿超过1000吨。我国铋资源常常与其他一些金属矿伴生，伴生于钨矿床中的铋资源最多。湖南柿竹园多金属矿、江西盘古山钨矿，分别为我国产量第一和第二的铋矿生产基地。

还有一些金属熔点更低，它们在常温下呈液态。最常见的这一类金属是汞，人们常叫它水银。人们利用汞在常温下为液态这个性能，制成温度计、气压计等。此外，汞还有其他不少用途。因为汞蒸气在电场的激发下会射出紫外线，而紫外线又会使硫化锌发出白光，用此原理，人们把汞蒸气装入四周涂上硫化锌的灯管，通电后便发出了白色的冷光。这就是常见的日光灯发光的原因。汞的化合物还可制成防腐油漆，用它涂在船底，可防止水中生物附在船外，从而防止船被腐蚀。汞还广泛用于工业的许多领域。在化学工业中，可用汞作催化剂、电极和颜料。汞还是制造电池、蓄电池的常用原料。在医药中，用汞制作升汞、甘汞和一些药膏。在高技术领域，汞可作为钚原子反应堆的冷却剂。不同状态的汞对人体毒性不一。由于人体几乎不吸收金属汞，所以不慎吃下金属汞后，汞会随粪便排出。甘汞溶解度小，毒性不大。升汞溶于水，吃下1～2克就使人毙命。有机汞是脂溶性的，毒性巨大。我国汞资源丰富。贵州、陕西、四川三省汞的储量占全国76%左右，其中贵州省储量最大。

还有一种金属叫做镓，它的熔点只有29.8℃。因此，当室温一超过其熔点，它也呈液态。镓的熔点虽低，沸点却很高，为2070℃。因此，我们利用镓来制成测量高温的温度计。镓还有其他许多用处：用镓与其他一些金属熔合，能生成熔点低于20℃的合金，以作为一些特殊用途保险装置的材料。砷化镓是一种性能优良的半导体材料，而磷化镓则是一种半导体发光材料。可见，镓的一些化合物在现代科学技术中大有用处。但是，镓在地壳中十分分散，因此，提炼镓是一项十分困难的工作。

另有一种金属叫做铯，它的熔点不到29℃，比镓还低。因此，当气温超过它的熔点时，它就呈液态。铯很软，但个性活泼，在空气中会自燃。铯受光照后会放出电子，产生电流。人们利用铯的这个性能，制成天文仪器，能根据电流大小而测出星星的亮度。利用铯作为感光材料，还可以制成红外线望远镜。在黑夜中，它可用来进行军事观察。铯在地壳中含量不算少，但大多分布分散，很少单独成矿。有一种矿石叫做铯榴石，在世界上不多，但我国还相当丰富，利用铯榴石可以提取铯。

性能独特的各种合金钢

普通钢在生产和生活中有很大用处。人们造厂房、造机器、建桥梁、建铁路，均需用大量的普通钢。但是，有时候人们希望钢铁具有更大的硬度或韧性，更强的耐高温或耐腐蚀性能，或其他一些特殊的性能，就在钢中熔入一些其他元素，如钒、钼、钨、镍、锰、硅等，这样炼成的钢叫做合金钢。下面给大家介绍几种合金钢。

用含钒的铁矿石进行冶炼，我们可以得到一种十分有用的合金钢——钒钢。钒钢具有优越的机械性能，坚韧而有弹性，耐腐蚀性也很强，故钒钢被大量用来制造汽车的轴、弹簧等关键部位零件，制造飞机和火车头也较多用到钒钢。世界上钒储量最多的国家是南非，我国也是钒矿资源十分丰富的国家。我国在建国之后的前20多年里，钒矿一直不能满足国内的需要。1978年以后，由于四川攀枝花钒钛磁铁矿投产并生产钒渣，钒短缺的局面才得到改变。我国钒渣生产以攀枝花、承德、马鞍山三大钢铁公司最为重要。

钼的熔点很高，达2610℃，而且钼还有其他一些优越的性能。纯钼很硬，但延展性好，易轧制、锻造。因此，世界上大部分的钼被用来生产钼钢。钼钢比普通钢的强度大，韧性好，且耐高温，耐腐蚀，加上钼比钨便宜，因此，在军事工业中制造装甲、枪管等往往是用钼钢，不少机器零件的制造也用到钼钢。我们常见的剃须刀的刀片，也可用钼钢制成，它锋利且有韧性。我国钼矿探明储量居世界首位，产量名列前茅。河南是我国钼储量最多的省份，储量约占全国的1/3。其次为陕西和吉林，两省的钼储量分别超过全国总储量的10%。这三省的钼储量，超过全国总储量的一半。辽宁锦西杨家杖子、陕西金堆城、河南栾川，是全国三大钼生产基地。

现在，不锈钢餐具日益受到人们青睐。不锈钢餐具光亮不锈，也不会受碰撞后破碎，它比铝制餐具更漂亮，比陶瓷餐具更不怕碰撞。那么，不锈钢是用什么材料制成的呢？

在炼钢时加入一定量的镍和铬，这样炼成的钢就是不锈钢。因此，镍和铬是两种很有用的金属。我国目前镍产量比较高，一半以上的镍用来冶炼不锈钢。除了用来冶炼不锈钢之外，镍和铬还有不少其他用处。在钢中加入镍而制成的镍钢耐压耐冲击，可以制成涡轮叶片、曲轴等。一种称作超级高温合金的镍合金除了含铬、铜、铁外，还含有钨、钛、铝，它具有很好的热稳定性和强度，是制造喷气发动机工作轮叶片的理想材料。有一种镍钢几乎不热胀冷缩，可以用它来制成精密机械部件。一种含镍、铁、铬、锰的合金电阻特别大，可以用来制造变阻器。镍还大量被用来电镀。金属外镀上一层镍后不仅防锈，而且十分美观，深受人们喜爱。在 20 世纪 60 年代以前，我国一直缺镍。1963 年，我国甘肃建成特大型金川镍矿后，情况才有明显的改变。现在，金川镍矿已成为世界著名的大镍矿。另外，滇、吉、新、川、鄂等省区也有一些镍矿资源。1992 年，我国精炼镍产量超过 3 万吨，成为世界重要产镍国之一；但由于经济的发展，镍还不能完全满足国内的需要，1992 年共进口镍 7000 多吨。1992 年，全国用于冶炼不锈钢的镍占 52%，用于电镀的占 27%，其余的用于生产其他合金钢、镍合金等。

铬是一种很硬的金属。有一种矿石叫做铬铁矿石，含有铬和铁。用铬铁矿石来冶炼，可以得到含铬的钢，叫做铬钢。铬钢坚硬而耐腐蚀，可用来制坦克、装甲车、枪炮筒等，是一种重要的战略资源。铬也可用于电镀。铬铁矿石耐高温，可以用作耐火材料，做炼钢炉的炉衬。我国铬铁矿储量最多的是西藏，占全国总储量的 40.6%。另外，内蒙古、新疆和甘肃的铬铁矿储量也分别超过全国总储量的 10%。1991 年，全国总计生产铬矿石 10 万吨左右。但同年消费量达 50 万吨，故大部分铬铁矿石尚需进口。我国铬铁矿石约有 90% 用于生产铁合金，其余用作制造耐火材料、化工制品和有色金属合金。

你见过车工加工零件吗？零件被固定在车床上，车工一按电钮，零件就高速旋转起来。这时候，车工用车刀切削高速旋转的零件。车刀与零件之间高速摩擦，产生很大的热量。由此我们可以知道，车刀刀头必须在高温下保持十分坚硬。我们通常用耐高温的硬质合金做成车刀的刀头。

钨是金属中熔点最高的；熔点为3410℃。钨钢能在高温下还保持非常坚硬，因此，把钨加入钢中而制成的钨钢常被用来制造高速切削工具。钨的一些合金也很硬，例如，由钨、钴、碳按一定的比例制成的超硬合金，是十分优良的高速切削材料。钨还有其他不少用处。例如，碘化钨可以被用来制造碘钨灯，它光色好而寿命长，颇受人们欢迎。我国钨矿资源丰富，钨储量居世界首位。湘东南、赣南、粤北等地的南岭一带是全国钨矿最集中的地区，储量占全国一半以上。

在钢中加入铌，可以提高钢的延展性和抗冲击能力；加入0.7%的铌，可使金属在-80℃的情况下仍保持其原来的强度。故有人把铌称作钢的"维生素"。在钢中加入少量的锆，可以大大增强钢的强度和硬度。含硅量在1%～4.5%的硅钢具有良好的导磁性能，是电器制造中十分重要的材料。

合金钢种类繁多，性能各异，它们在不同的工业生产部门正发挥着越来越重要的作用。

沙尘暴是怎样形成的？

据报道，1993 年 5 月 5 日特大沙尘暴席卷我国甘、新、宁、内蒙古四省区，致使 85 人死亡，31 人失踪，264 人受伤，12 万头牲畜丢失或死亡，37 万余公顷农田受灾，造成直接经济损失 7.5 亿元。

又有报道，1998 年 5 月 20 日内蒙古阿拉善盟额济纳旗再次发生沙尘暴，平均风速 23 米 / 秒，风力 8～9 级，瞬时风速达 27～28 米 / 秒，风力接近 12 级，最低能见度不足 10 米，持续时间长达 24 小时。沙尘暴造成该旗停电停水，交通中断，商店关门，1.2 万亩棉苗 80% 被毁，3500 头（只）牲畜死亡、丢失，30 万株胡杨被风刮断、刮倒。据初步统计，这次沙尘暴造成的经济损失 2499.3 万元。这是当年额济纳旗第二次遭受沙尘暴袭击。

2002 年 3 月 18 日起，我国北方大部分地区自西向东又经历了一次强沙尘暴天气。漫天沙尘滚滚而来，天空一片昏暗。妇女用头巾把头发围住，匆匆赶路。树叶上、车顶上积了一层厚厚的沙尘。这是该地 20 世纪 90 年代以来一次十分强的沙尘暴。面对漫天沙尘，人们不禁要问，为什么会形成如此强烈的沙尘暴呢？

其实，沙尘暴并非我国特有的现象。1934 年 5 月 11 日，美国西部刮起遮天蔽日的黑色狂风。这黑风暴带长 2400 千米、宽 1400 千米，自西向东蔓延。所到之处，庄稼枯萎，牲畜死亡，城市天昏地暗。这黑风暴整整刮了 3 天 3 夜，横扫美国 2/3 的国土。事后美国人意识到，这是在美国中部各州大量开垦草地为耕地而遭到大自然的报复。

前苏联从 1954 年起也盲目开垦荒地，到 1963 年共垦荒 6000 万公顷。结果造成新垦荒地风蚀严重。1960年3月和4月的黑风暴席卷了俄罗斯南部广大平原地区。1963年的黑风暴更为严重，在哈萨克被开垦的土地上，受灾面积达2000万公顷。

当然，沙尘暴也并非一无是处。有专家指出，沙尘物质呈碱性，它能够有效地中和酸雨。现在日本全国大多下酸雨，但每当出现浮尘天气，降雨的酸性便随即消失。浓厚的沙尘层能够反射太阳光，对抑制全球变暖也有一定的作用。沙尘粒还可以成为水汽凝结的核心，使天空中云量有所增加，一定程度上缓解了干旱地区的旱情。沙尘粒子降落到海中，对海洋生物带来了营养物质，有利于海洋植物和浮游生物的生长。正是沙尘物质在漫长的地质年代里不断积累，逐渐造就了今日的黄土高原。但是，沙尘暴造成人民生命和财产的巨大损失，给人类健康和人类环境带来巨大危害。沙尘暴成为人类面临的一个重要的环境问题。

沙尘暴是在什么情况下发生的呢？据一些科学家的研究，形成沙尘暴要有三个条件：

第一，有大面积裸露的地表和丰富的沙物质。干旱半干旱地区经人类过度开垦后，又因土地生产力低下，人们不再耕作该地，任土地荒废，造成地表有大量的细小沙物质，极易被风吹起。

第二，一些地区大气层不稳定，对流旺盛，上升气流将沙物质卷扬到高空。

第三，正逢大风天气。我国西北地区春季多大风，若遇到当地不稳定的大气条件，便会发生沙尘暴。

因此，要防止沙尘暴，人类可采取的措施是，在植被遭受破坏的地区增加植被覆盖率，尤其在那些地表分布细小沙粒的荒地、裸地，要尽快恢复自然植被覆盖；同时，要坚决杜绝滥垦滥伐现象。在我国农牧交错地带，应制订合理利用土地资源的计划，对那些不宜耕作但已开垦的土地，应逐渐恢复其草原植被。

土法炼锌得不偿失

锌是一种有用的金属。金属镀锌后可以防腐，故大量的锌用来镀在铁皮外而制成镀锌铁皮，俗称白铁皮。锌也用来制造电池和油漆。锌还能与许多金属熔合而制成合金。铜锌合金叫做黄铜，它很容易加工，人们用它制成手工艺品。黄铜还用来制造船舶的配件。1998 年，国际市场上锌的价格是每吨1000 美元上下，价格在铅之上。

有报道称，我国南方某地农村大搞土法炼锌，结果造成严重的大气污染。若继续搞下去，环境污染会越来越严重。若制止土法炼锌，那么当初借银行的贷款就无法还清，结果造成十分尴尬的局面。

锌的矿物有好多种，比较常见的是闪锌矿（ZnS）。用土法冶炼锌，会产生大量的二氧化硫，这是造成酸雨的有害物质。酸雨对人类会造成哪些危害呢？

二氧化硫遇水会形成亚硫酸，并会慢慢地形成硫酸。大气中二氧化硫增多会造成酸雨，即 pH 值低于 5.6 的降雨。酸雨会造成树木死亡。前几年重庆城市降水酸度较大，其郊区大片马尾松林死亡。酸雨还会侵蚀金属建筑物。有人计算，按近几年酸雨对嘉陵江大桥钢梁的锈蚀速度，再过 30 年，大桥的钢梁将会被锈坏而危及大桥安全。现在，四川、广东、贵州和广西酸雨污染已相当严重，其他地区也有酸雨发展严重的情况，如长沙地区年平均降水酸度为 3.84，1994 年最低时达 2.54。空气中二氧化硫浓度高会严重影响人的健康，会引起支气管炎、慢性鼻咽炎等疾病。因此，大气中二氧化硫浓度升高必须引起我们高度重视。

盆地或谷地的地形会使废气在当地上空积聚，有害气体浓度增加，造成更为严重的大气污染。攀枝花钢铁厂的生产规模比上海钢铁厂小得多，但是，攀枝花钢铁厂上空二氧化硫的浓度却常常是上海钢铁厂上空的好几倍。据一些专家的意见，造成此状况的原因是攀枝花地处谷地，空气与外界的交换受到抑制，加上炼铁所用的煤炭中含硫比较多，从而造成其上空二氧化硫浓度较大。

在废气排放较多的地方，若遇到大气层稳定的日子，大气对流受到抑制，则会造成有害气体浓度的增加。

1991年3月7日，墨西哥的首都墨西哥城卫生部门发现，该市大气污染严重，已大大超过最高危险水平。于是，墨西哥城宣布进入环境紧急状态，学校的户外体育活动由室内活动取代，课余的体育活动也被取消，全市约一半汽车必须停驶。

墨西哥城地处高原山谷内，海拔2200米，城市四周大多被较高的山环抱。墨西哥城人口多，私人汽车达280万辆。由于空气比较稀薄，汽油燃烧不充分，污染较严重。汽车排放大量废气，是造成墨西哥城大气污染的主要原因。另外，大量工厂排放废气、焚烧垃圾产生烟雾也加重污染。加上山谷的地形使其大气与外界的交换较弱。这样，在大气层稳定的日子里，有害气体难以扩散，近地层大气中污染物浓度越来越大。有人估计，墨西哥城每年死于与环境污染有关的癌症多达5000人！

类似墨西哥城大气污染的情况，在世界上其他许多地方也发生过。英国伦敦1873～1962年，因大气中烟尘和二氧化硫浓度增高，先后发生过12次严重的烟雾事件，造成数千人死亡。日本四日市在1955～1963年兴建了三座石油化工联合企业，每年排出大量粉尘和二氧化硫。该市居民此后慢性呼吸道系统患病率增加，支气管哮喘病患者达2000多人，死亡几十人。

我国也有专家对北京市中小学生受大气污染发病情况进行了调查。在北京市大气污染严重的地区，中小学生慢性咽炎的发病率为30.71%，而在对照区此发病率只有11.17%。

大气污染已引起许多国家政府的高度重视。新加坡政府通过大幅度提高汽车消费税的办法控制城市小汽车数量。尽管新加坡人均国内生产总值已位于世界前列，但新加坡平均每 8 人才拥有一辆小汽车，而一些发达国家平均每 2 人就拥有一辆小汽车。为改善城市大气质量，一些城市限制排放废气多的企业发展。例如，我国的首都北京将逐渐减少钢铁工业生产，加大对一些无污染的高科技产业的投资。通过这些努力，加上推行植树造林，大气污染的状况将会得到有效的治理。

城市居民踊跃植树的原因

2003 年植树节前，上海市政府绿化部门准备在外环线外辟出 20 公顷的土地，供市民自费植树。结果，许多单位和个人踊跃报名。有家长为小孩种树的，使小孩从小养成关爱环境的习惯；有青年人准备种树，以作为结婚纪念的。由于报名植树人数太多，绿化部门准备再辟一块土地供大家栽树。越来越多的市民热心投入了绿化植树的活动，2002 年有 60 多万人次参加了上海市的种树活动。上海的城市绿化面积也在不断增多。路边、高架道路下、街心花园里，处处是青草绿树。上海还在土地资源十分紧缺的中心城区，建起了好多处大型绿地，使上海的城市环境越来越美丽。

新加坡处处是高大的树林、翠绿的草坪、绚丽多彩的鲜花，整个城市就像一个大花园，故新加坡有"花园城市"的美称。你如果仔细观察，就会发现新加坡人进行城市绿化是煞费苦心的。在高层建筑之间，是花木和草坪。在人行道上，也镶嵌草皮。在一些狭窄的街道，无法种大树，新加坡人搭起棚架，种上蔓藤植物，不仅可给行人遮阳，也别有一番情趣。在旅馆和酒店里，也随处可见盆花、盆景。今日的新加坡，给人们芳草如茵、鲜花处处、整洁美观的印象。

为什么人们如此热心地进行城市绿化呢？这是因为，城市绿化对环境保护有多方面的好处。

1. 城市绿化能够保持空气清新。通常，1 公顷阔叶林一天可消耗 1000 千克的二氧化碳，释放出 730 千克的氧气。

2. 城市绿地能够降低风速，滞留空气中的一部分粉尘。有人指出，在城镇房屋的迎风面，种几行高大松树，可使风速降低 60%。树木能够减少风速，使大气中的大颗粒灰尘物质沉降至地面。植物表面的茸毛，有些植物分泌的油脂和黏性物质，还能吸附空气中的一部分粉尘。有人统计，绿化地区空气中的尘埃量，比非绿化区少 50% ～ 75%。

3. 城市绿化能净化空气。对空气中的二氧化硫、氟化氢、氯气、氮氧化物等，树木有一定的吸收作用。美人蕉、月季、丁香、菊花、银杏、洋槐，均能吸收二氧化硫。橙、柠檬、圆柏、法国梧桐等的分泌物，具有一定的杀菌能力。有资料表明，无绿化的闹市区空气中的细菌，比绿化区多 7 倍以上。

4. 城市绿化能减少噪音。有人统计，沿着建筑物种植繁茂的树木，能使街道的噪音减少 20 ～ 25 分贝。

5. 城市绿化能够调节气温。植物叶子表面通过水分蒸腾可以吸收大气中的热量，树荫也能挡住夏日强烈的阳光。因此，在夏天，绿化好的地区比绿化差的地区气温要低 3℃ ～ 5℃。

6. 城市绿化还能增加空气的湿度。植物叶子通过蒸腾作用使空气中水汽含量增加。据统计，森林中的湿度，较空旷地高 7% ～ 14%。

另外，不少植物还对大气污染物特别敏感，可以用来监测大气污染的程度。例如，红松、马尾松、桃树、枫杨等，能在大气中二氧化硫含量升高时表现出受损害的症状。雪松、杏树、白云杉、郁金香等，对大气中氟化氢含量升高特别敏感。因此，不同的植物可以用来对不同的大气污染物进行监测。

从上述分析中可见，在保护城市环境中，树木的作用一般比草地更大。因此，一些城市已经作出规定，在所有的城市绿化面积中，要保证有一定比例的树木比例；而不能把城市绿化全部搞成一片片绿茵茵的草地，尽管草地具有很好的美化环境的效果。

近年来，又有专家指出，在城市中若能恢复自然植被，会有更好的效果。自然植被对环境有较好的适应性。在一些缺水的城市，自然植被不需要耗费大量的灌溉用水。自然植被会引来昆虫，昆虫多了又会引来鸟类。这样，城市生态环境将更加宜人。

急于增产反而酿大错

在内蒙古自治区巴林右旗附近，有一个叫做敖包嘎查的小村子。据当地居民的回忆，过去这里曾经是一个水草肥美的地方。小孩子可以在高高的草丛中跑来躲去，玩捉迷藏的游戏。后来，当地村民为了获得更多的畜产品，大量增加放养羊的数量。结果，大群的羊毫不留情地把地面的草全啃掉了，甚至把地下的草根也啃食了不少。当地本来天气比较干燥，在地面缺少植被的保护后，大风一起，便扬起了漫天黄沙。在沙尘暴严重的日子里，天地一片昏暗，屋内在大白天也要点上油灯照明。沙尘暴过后，房前堆满黄沙，连门都难开。鸭子爬上了沙堆，一直爬到房顶上。为躲避风沙危害，大部分村民迁居他乡，留下的房屋已大多被黄沙掩埋。前车之覆，后车之鉴。现在，不少草原地区已经停止了放牧牛羊，而改为舍饲牲畜，使草原生态环境得到了休养生息的机会。

在内蒙古草原上，还出产好多种宝贵的药材和土产品。例如，甘草是一味用途较广的中药材。可供食用的发菜呈头发状，长在草根上。用耙子把它从草根上搂下来，就得到有名的发菜了。这发菜不仅味道好，还有保健作用。加上"发菜"的谐音是"发财"，更受一些人偏爱。但是，搂发菜和挖甘草，对草原破坏作用大得惊人。一般搂 500 克发菜，要破坏 20 亩草地。现在，内蒙古 13.2 亿亩草原中，有 5.8 亿亩沙化退化。其中，有 2 亿亩是由于搂发菜和挖甘草而造成的。

在一些农区，农民为了多打粮食，不顾实际需要，过多地施用化肥。结果，造成了土壤板结，反而不利于农作物的生长。土壤中多余的养分被雨水冲入河湖中，使河湖中水生生物疯长，大量消耗水中氧气，致使河湖中鱼类因缺氧而死亡。

在一些降水较少的农村地区，农民为了增产，经常用大水漫灌土地。结果，不仅没有多打粮食，反而造成了土壤盐碱化，最后使农作物严重减产。这是为什么呢？原来，大水漫灌之后，地下水位会明显上升，较多的地下盐碱物质被溶解在地下水中，通过土壤的毛细管被带到地表。水分被蒸发到空中后，盐碱物质则被留在土壤表面，造成土壤的盐碱化。现在，许多地区已运用排灌结合的方法，使土地盐碱化得到了一定程度的治理。

家住洞庭湖边上的农民，为了多生产粮食，曾经多次进行围湖造田，致使湖泊面积锐减。加上长江泥沙不断淤积，使湖泊调蓄洪水的能力大大降低。1998 年，长江暴发特大洪水，洞庭湖不仅蓄洪能力有限，而且因围湖地区溃淹，使灾民达到 37.87 万人，直接经济损失近 200 亿元。现在，该地区已开始实行"退田还湖"的治水方略，生态环境已有所好转。

在沿海地区，近几十年来，一些渔民为了多捕鱼，渔船越造越大，渔船数量也越来越多。由于过度捕捞，尤其是过度捕捞一些幼小鱼类，使渔业资源遭受严重破坏。原先盛产大黄鱼、小黄鱼的舟山渔场，现在大小黄鱼和墨鱼已基本上无法形成渔汛，带鱼也出现了小型化和低龄化的趋向。这种状况，即使今后禁捕、休渔小心保护，也需要很长时间才有可能使这渔业资源得到恢复。

可见，不少地方由于不懂得大自然的客观规律，致使耕地、草原、森林等土地资源遭受破坏。这些教训是深刻的。为了使子孙后代还有一个适宜生存的环境，人类必须在开发自然资源时三思而后行。

不可忽视的噪声污染

在美国的洛杉矶，有人进行了专门的调查，发现快车道沿线学校的学生，其阅读和数学的考试成绩，均低于安静地区学校的学生。据国际上某机构的统计，人在噪声80分贝以下环境中工作40年之后，噪声性耳聋的发病率为零；在噪声90分贝的环境下工作40年后，则该病的发病率达到21%；若环境噪声为100分贝，则同样工作40年后，该病的发病率高达41%。还有统计表明，在夜间，噪声突然达到40分贝，则有10%的人被惊醒；如噪声突然达到60分贝，则有70%的人被惊醒。噪声还对人的心理产生严重影响，使人感到烦恼，易发怒、激动等。甚至有人因噪声干扰而丧失理智，引发人际纠纷，造成不良后果。有人发现，噪声会导致胎儿畸形。在噪声严重的地方，人们还发现有鸟类不产卵的现象。据调查，从事同样工作的工人，长期处于高噪声环境中，高血压病的发病率要比在安静环境中高出好几倍。在法国，每5个精神病患者中，就有1个是由于噪声引起的。

噪声污染给人类带来不少危害。那么，噪声的源头在哪里？哪些环境下噪声比较大呢？

有人认为，人体比较适宜的环境声响大致介于15～35分贝。如树叶落下的沙沙声，大约是20分贝。若长时间环境声响高于50分贝，人体就会有所不适，甚至引发疾病。通常，人们说话声响为60分贝；在繁华的街道上，噪声达到70分贝；在公共汽车内，噪声约有80分贝；在地下铁道处，噪声达到90分贝。在传统的纺织车间里，噪声高达100分贝。在此环境中，人与人之间面对面讲话，有时也听不清楚。在工厂里从事锻压、铆钉作业的工人，其所受的环境噪声可以达到130分贝。在喷气式飞机飞行领域附近，噪声更高，达到140分贝。

人们尝试用许多种方法来降低噪声的危害。一些发出巨大噪声的机器，若装上隔声罩或消声器，可以大大降低噪声。植树造林，可以有效降低噪声。一条绿化好的街道，可以降低噪声8～10分贝。人们还在高速公路旁筑起专门的防噪音墙。墙中间夹着吸音效果很好的矿物纤维，使噪音明显降低。

我国于1989年颁布了环境噪声污染防治条例，作出了许多规定。例如，该条例规定，驶入市区的机动车，必须达到允许噪声标准；市区行驶的汽车，限制随意鸣笛，不准鸣笛呼人叫门，夜间禁止鸣笛。火车进入市区，禁止使用汽笛。在距离建筑工地作业现场30米处，噪声不许超过75分贝。撞击噪声，最大声级不许超过90分贝。夜间，禁止使用噪声大的施工机械设备。除特殊情况外，室外一般禁止使用扩声喇叭。使用家用电器和机械设备，其噪声影响不得超过所在区域的环境噪声标准。如果大家都严格遵守此条例，噪声污染是可以得到治理的。

现在噪声污染比较多发的还在一些城市的公园里。在那里，不少人十几人一组，或几十人一组，一边放音乐，一边做健身操。周边居民长期受到单调的持续不断的声音的干扰，十分苦恼。随着防治噪声污染的理念日益深入人心，公园管理方也对此做了不少说服工作，现在，噪声污染的情况已经有所好转，例如，一些居民采用领操和喊口令的方式进行锻炼，而不再播放高音喇叭。但是，总体上看，噪声污染依然存在。因此，减少噪声污染将是我们需要长期努力的。如果我们每一个人都把自己的言行不给别人造成麻烦，作为个人生活的一条基本准则，那么，我们有可能人人享有一个安静、愉悦的环境。

面对大气污染，我们该怎么做？

当前，大气污染问题日益受到人们的重视。在一些人口和工业比较集中的地区，如京津冀地区、长三角地区、珠三角地区，一年中灰霾出现的天数超过 100 天。据报道，在 2013 年上半年，北京仅有 70 天空气质量达标。面对大气污染，我们该怎么做，才能最大限度地避免吸入受污染的空气呢？

大气污染物有多种，主要包括大小颗粒物、臭氧等。这些污染物达到一定浓度后，就会对人体造成危害。若污染物浓度很高，则有可能造成人的死亡。1955 年 9 月，美国洛杉矶发生严重的大气污染，臭氧浓度特别高，结果，在两天里，该地有 400 余名 65 岁以上老人死亡，为平时的 3 倍多。

从长远看，我们应该坚决淘汰那些污染大的落后生产设备；我们应采取多方面的切实有效的措施，让绝大多数居民采用公共交通的方式出行，从而减少马路上机动车的数量，减少汽车尾气排放；我们还要对城市建筑扬尘、餐饮业油烟排放等污染源进行严格的管理。

在当前情况下，我们又该如何做呢？其实，大气污染物的时空分布还是有一定规律的。了解这些规律，对我们来说还是很有用的。

在时间上，大气污染物受天气条件影响，具有如下变化：

在无风或微风的日子里，大气污染物不易扩散，往往污染物浓度较高。反之，在风力较大，尤其是有海风吹来的日子里，大气污染物一般会较快扩散，使空气质量较好。

在一场大雨之后，空气往往比较清新。但是，如果仅下了一些小雨，而空气湿度又比较大，那么，空气污染物浓度还是可能较高。因为在空气潮湿的情况下，有可能使空气中一些污染物经过复杂的作用而形成雾霾。

在一天时间里，大气颗粒物与臭氧出现高浓度的时间有所不同。

在一天清晨，空气中颗粒物浓度往往较高。从午后到傍晚这一段时间里，颗粒物浓度一般会有所下降。这是因为，在夜间和清晨，近地面空气层上下温度相差较小，大气层比较稳定，大气颗粒污染物难以上升扩散。而在午后到傍晚，地面受热较多，大气层较不稳定，往往产生上升气流，把颗粒污染物带到高空扩散。

大气中臭氧浓度变化又是另一种情况。汽车尾气中的一些成分会在阳光照射下发生反应，产生二次污染物，其中对人们危害较大的为臭氧。由于臭氧的形成与阳光照射有关，因此，空气中臭氧浓度较高的时段为中午和下午。到太阳落下之后，臭氧浓度会降低。

有人认为，居民外出锻炼身体的时间不宜安排在早上，而可以安排在下午4～5点钟。这样说法有一定的道理，因为在清早，大气颗粒物浓度往往较高。但这样说还不够全面。因为在下午4～5点钟，大气颗粒物浓度一般有所下降。但是，就臭氧而言，其浓度还是可能较高的。有人在2013年6月，对上海、苏州的臭氧浓度进行观测，发现在高温晴朗的日子里，该两地的臭氧小时浓度，从中午12点到晚上7点均处于较高的水平。因此，在汽车密集的大城市里，臭氧污染是一个不可忽视的问题。在下午4～5点钟，臭氧浓度往往还是处于较高的水平。

那么，居民外出锻炼身体，到底选择一天中的什么时段，才能尽可能地避免吸入受污染的空气呢？

1. 在大气重度污染的日子里，不管在一天中什么时段，居民均不宜外出剧烈运动。如果一地连续多日无风或微风，大气层很稳定，那么，在这一段时间里，大气往往污染较重。如果我们看到烟囱冒出的烟不向高处飘去，而缓缓向下飘动，则表明大气层稳定，大气污染物不易上升扩散。此时，居民若外出剧烈运动，有可能吸入较多的污染物。

2. 在有大气污染，但污染并不重的时候，居民外出应尽可能避开大气污染物浓度处于较高水平的时段。一般情况下，早晨的大气颗粒物浓度较高；

中午和下午，臭氧的浓度又处于较高的水平。一天中大气颗粒物浓度处于相对较低水平的时段，一般在下午对流扩散相对较强的一段时间；而就臭氧浓度而言，一般太阳落下后，臭氧浓度也会较快下降。这些仅就一般情况而言。在有区外大量污染空气对本地扩散影响而本地又处于无风或微风的情况下，那么，在受影响的时段里，大气污染物浓度可能达到相当高的水平。居民应合理安排自己外出锻炼身体的时间。

作为一个现代社会的公民，在日常生活中，应该怎样做才有助于减少大气污染呢？

首先，他要在生活中节约用电，例如，在高温天，不要把空调温度调得很低。因为我国现在还大多采用燃煤发电，它会排放废气，污染空气。节约用电有助于减少废气排放。

其次，他要尽可能多地采用公共交通的方式或利用自行车出行，以此减缓我国一些城市机动车数量过快增长的趋势，从而改变机动车尾气大量排放的局面。近些年来，我国不少城市均出现大气臭氧浓度升高的情况。我们要采取有力的措施，减少汽车尾气排放。

再有，他要在一些生活细节上文明行事，例如，不随意焚烧枯枝、垃圾，以减少烟雾排放。

现在，我国对大气污染高度重视。我们相信，在政府、企业、科研人员、居民的共同努力下，大气污染的状况一定会得到改观，大气质量一定会明显提高。

参考文献

［1］左大康《现代地理学辞典》,商务印书馆,1990。

［2］张文奎《人文地理学词典》,陕西人民出版社,1990。

［3］宋春青等《地质学基础》,人民教育出版社,1978。

［4］李树藩等《最新各国概况》,长春出版社,1993。

［5］吉林师范大学等《世界自然地理》,人民教育出版社,1980。

［6］华东师范大学等《经济地理学导论》,华东师范大学出版社,1994。

［7］李小建《经济地理学》,高等教育出版社,1999。

［8］陈才《经济地理学基础》,高等教育出版社,1988。

［9］叶笃正《中国大百科全书·大气科学·海洋科学·水文科学》,中国大
百科全书出版社,1987。

［10］世界经济年鉴编辑委员会《世界经济年鉴1999～2000》,经济科学出
版社,2001。

［11］周淑珍《气象学与气候学》,高等教育出版社,1984。

［12］卜永芳《气象学与气候学基础》,高等教育出版社,1987。

［13］上海师大等《中国自然地理》,高等教育出版社,1979。

［14］张家诚等《中国气候》,上海科学技术出版社,1985。

［15］严钦尚等《地貌学》,高等教育出版社,1985。

［16］中国科学院中国自然地理编辑委员会《中国自然地理总论》,科学出版社,1985。

［17］国家环境保护局自然保护司《中国生态问题报告》,中国环境科学出版社,1999。

［18］朱炳海等《气象学词典》,上海辞书出版社,1985。

［19］地理学词典编辑委员会《地理学词典》,上海辞书出版社,1983。

［20］中国自然地理编写组《中国自然地理》,高等教育出版社,1984。

［21］世界资源研究所等《世界资源报告（1998～1999）》,中国环境科学出版社,1999。

［22］段凤瑞等《环境保护与妇女儿童健康》,中国环境科学出版社,1990。

［23］中国自然资源丛书编撰委员会《中国自然资源丛书·矿产卷》,1996。

［24］中国自然资源丛书编撰委员会《中国自然资源丛书·综合卷》,1995。

［25］李润年等《1—109号元素》,北京师范大学出版社,1987。

［26］王庆一《中国能源》,冶金工业出版社,1988。

［27］全国农业区划办公室等《中国农业资源与利用》,农业出版社,1990。

［28］程潞等《中国农业地理》,农业出版社,1984。

［29］黄锡荃《水文学》,高等教育出版社,1993。

［30］南京大学等《土壤学基础与土壤地理学》,人民教育出版社,1980。

［31］徐培秀等《中国棉花地理》,农业出版社,1987。

［32］李振泉等《中国甜菜地理》,农业出版社,1984。

［33］鲁明中《中国环境生态学》,气象出版社,1994。

［34］张家诚等《气候变化四问》,气象出版社,1990。

［35］陈敏连等《寒潮》,气象出版社,1987。

［36］许以平等《龙卷风》,气象出版社,1988。

［37］黄远略《中国热带作物地理》,农业出版社,1984。

［38］陆同文等《风》,民族出版社,1985。

［39］张勇《三峡导游》,中国三峡出版社,1994。

［40］景才瑞《黄山》,科学出版社,1984。

［41］城乡建设环境保护部市容园林局《国家重点风景名胜区》，北京旅游出版社 ,1988。

［42］孙宝玉等《世界旅游名胜词典》，中国旅游出版社 ,1999。

［43］王肇和《旅游客源地》，中国林业出版社 ,2001。

［44］中华书局编辑部《名胜古迹史话》，中华书局 ,1984。

［45］木容《山文化》，中国经济出版社 ,1995。

［46］徐本坚《东岳泰山》，科学出版社 ,1982。

［47］张福祥《杭州的山水》，地质出版社 ,1982。

［48］田泽生《西岳华山》，科学出版社 ,1982。

［49］萧正文《故宫丛谈》，中国旅游出版社 ,1998。

［50］刘玉学等《涉外礼俗知识必读》，中国旅游出版社 ,1990。

［51］庄维汉等《世界风情大观》，北京出版社 ,1992。

［52］崔秀国等《五岳史话》，中华书局 ,1982。

［53］王云《未知世界新探》，兵器工业出版社 ,2000。

［54］洪欣等《废墟下的辉煌》，中国劳动出版社 ,1991。

［55］王兴斌《中国旅游客源国／地区概况》，旅游教育出版社 ,1996。

［56］陈协川等《外国名城》，科学出版社 ,1984。

［57］祖钦舜《古城罗马》，上海人民出版社 ,1985。

［58］中央人民广播电台国际部《外国首都掠影（上）》，世界知识出版社 ,1984。

［59］赵春林《园林美学概论》，中国建筑工业出版社 ,1992。

［60］陈从周《中国园林》，广东旅游出版社 ,1996。

［61］朱钺等《大自然在呼救》，科学普及出版社 ,1984。

［62］《天下之"奇"（二）》，上海科学技术出版社 ,1982。

［63］课外学习编辑部《世界奇观》，外语教学与研究出版社 ,1982。

［64］刘树人等《华夏古代文明对环太平洋地区文化地理发展的影响》，《地理教学》,1998 年第 4 期。

［65］杨逸畴《世界第一峡谷——雅鲁藏布江大峡谷》，《地理教学》,1999

年第 3 期。

［66］朱履熹《矿产资源的开发利用现状和发展趋势》,《地理教学》,1997
　　　年第 1 期。

［67］林之光《沙尘暴和黑风》,《地理教学》,2000 年第 10 期。

［68］中国科学院国情分析研究小组《两种资源两个市场》,《地理教学》,2001
　　　年第 3 期。

［69］蔡明《漠河之冬》,《地理教学》,2001 年第 4 期。

［70］范安康《风景名山与地质作用》,《地理教学》,2001 年第 7 期。

［71］罗祖德《三峡——跨世纪的宏伟工程》,《地理教学》,1992 年第 3 期。

［72］陈业裕《三峡工程的地质基础》,《地理教学》,1992 年第 4 期。

［73］曾刚《汽车工业布局影响因子浅析》,《地理教学》,2001 年第 4 期。

［74］朱履熹《世界的宝石、玉石资源》,《地理教学》,1994 年第 4 期。

［75］位梦华《南极“居民”——企鹅》,《地理教学》,2001 年第 11 期。

［76］位梦华《亲历南极的大风》,《地理教学》,2001 年第 12 期。

［77］吕大炯等《自然之谜》,江苏科学技术出版社,1980。

［78］王文学等《灾害研究初探》,农村读物出版社,1989。

［79］W.R. 柯尔利斯《奇异自然现象（中册）》,地质出版社,1984。

［80］何干《大自然的趣闻》,新华出版社,1980。